高学历父母的
教育病

［日］成田奈绪子◎著　　徐国兴◎译

华东师范大学出版社
·上海·

图书在版编目（CIP）数据

高学历父母的教育病 / (日) 成田奈绪子著；徐国兴译. -- 上海：华东师范大学出版社, 2025. -- ISBN 978-7-5760-6006-5

Ⅰ. G78

中国国家版本馆CIP数据核字第2025ZQ2299号

上海市版权局著作权合同登记　图字：09-2024-0717 号

高学历父母的教育病

著　　者　[日]成田奈绪子
译　　者　徐国兴
责任编辑　孙　娟
责任校对　苏庆云　时东明
装帧设计　卢晓红

出版发行　华东师范大学出版社
社　　址　上海市中山北路3663号　邮编 200062
网　　址　www.ecnupress.com.cn
电　　话　021-60821666　行政传真 021-62572105
客服电话　021-62865537　门市（邮购）电话 021-62869887
地　　址　上海市中山北路3663号华东师范大学校内先锋路口
网　　店　http://hdsdcbs.tmall.com

印 刷 者　上海中华商务联合印刷有限公司
开　　本　890毫米×1240毫米　1/32
印　　张　4.875
字　　数　100千字
版　　次　2025年6月第1版
印　　次　2025年6月第1次
书　　号　ISBN 978-7-5760-6006-5
定　　价　38.00元

出 版 人　王　焰

（如发现本版图书有印订质量问题,请寄回本社客服中心调换或电话021-62865537联系）

译者序

奇人、奇思与奇法

如书之题，很显然，《高学历父母的教育病》既是针对高等教育的书籍，也是针对家庭教育的书籍。但非常新奇的是，该书观察高等教育和家庭教育的中心视角与既往同类书籍大不相同。在高等教育学领域，几乎从未出现过此类专注高学历父母的负面的书籍，一般均认为父母学历越高就越擅长子女教育。即使在家庭教育学领域，尽管同类育子题材的书籍相对较多，但针对问题青少年的教育与矫治，该书所提供的改良之法也完全出乎意料。该书之所以拥有此类奇思与奇法，首先是与作者之奇密切相关。

作者之奇

作者之奇，集中体现在她的工作及经历的独特上。

现在，作者成田奈绪子的正职是日本文教大学教育学部特殊教育学专业的教授，从事儿童发展领域的教学和研究工作。与此同时，她还是日本牛久爱和医院小儿科心理疾病的兼职门诊医生。另外，她发起创建和负责社会支援机构"育子科学中心"，与若干专职的临床心理师及社会福祉师一起，致力于从父母的育子角度，提升问题儿童教育的质量。最后，成田教授还是科学育子的积极推广者，在政府部门、社会各界和家长中有广泛的影响。

这种社会影响建立在她独特的学习与工作经历的基础之上。成田奈绪子毕业于神户大学医学部，获医学博士学位。神户大学是日本著名的研究型大学之一。与我国稍有不同，日本高校的医学部是高考理科最难的专业，没有之一。顺带而言，她本科时代的同桌（桌靠桌并排）就是2012年诺贝尔生理学或医学奖获得者山中伸弥。其后，她在美国圣路易斯华盛顿大学医学院做过4年研究助理，集中研究GATA-4重组蛋白与胎儿脏器发育之间的关系。归国后，她在日本私立独协医科大学附属越谷医院的小儿科做了2年研究助理，接着，她又在筑波大学基础医学系①做了5年的专职讲师。2005年，她来到日本文教大学教育学部担任教师，一直至今。

在日本，长期专攻医学并已经成为医生的医学研究者对看似无足轻重（或者说被忽视）的家庭教育问题发生强烈兴趣，成功转身而成

---

① 在日本，公立研究型大学大都采取以讲座制为基本学术单位的学部制，只有少数如筑波大学等采取以学系制为基本学术单位的学群制。

为专职的教育研究者，这实属罕见。

思考之奇

思考之奇，集中体现在思考视角的独特上。

成田教授对青少年问题的观察角度具有非同寻常的综合性。第一，科学的视点。她本人说，她的基础研究建立在生物化学、分子生物学和形态学等学科的基础之上。这显然是自然科学的理论视点。第二，临床医学的视点。她是科学研究者，但同时又是医院儿科的一位门诊医生，临床实践是她发现病因和找到有效治疗方法的重要途径。这种经历建立在上述的科研基础之上，又能反哺科研和推进科研。第三，实验的视点。有意思的是，她还把自己的理论应用于自家女儿的培养上。从书中看，好像确实取得了不错的成效。第四，经验的视点。上述女儿教育实验自然是经验来源之一，与此同时，她还经常反思自己所受教育的优缺点，总结归纳自己母亲养育自己的成败得失，并与育子方法的教学、科研和推广相结合。

对于教育学研究来说，上述任一视点均具有比较高的科学性。

方法之奇

方法之奇，集中体现在青少年精神与行为问题的矫治方法上。

当前，青少年成长问题之严重已超乎常人想象力所能及的范围，而且具有世界普遍性，日本自然也不例外。对此，研究者一般多面向青少年个体，尤其是其身心内部，寻找原因。其中，大多数认为这是青少年的各种不良习惯所致；一部分还追溯到大脑的构成、机理、生长和发展上；有少数甚至更进一步，深入到遗传基因的层面。但身兼临床医生和医学研究者双重身份的成田教授却认为，相当多的青少年精神与心理问题（表现在非常行为上）的深层原因既非生理性的也非心因性的，而是社会性的。她从社会性影响因素中最终找到了亲子关系这个关键点，并坚决地认定，高学历父母育子不当是当今日本青少年（不限于青少年，也包括部分成人）的精神与心理问题产生的主因。而且，即使青少年问题果真存在着生理原因影响，父母也可以通过适当地改变养育方式而加以缓解。当然，她也曾简单地提及学校、社会和文化等更为宏观且看似间接的外部社会因素的可能影响。但是，大约是因为她对这些社会因素的类型与本质特征较为陌生吧，故仅有寥寥两处提及而已。

如果说教育学领域设有诺贝尔奖，那么，成田教授一反常规，把视线转向外部，发现高学历父母育子方式与青少年问题之间的因果关系以及有效矫治方法，应该有很大可能获奖吧。

最后，想提醒读者注意的一点是，本书所述主要属于教育（学校）临床学的理论体系与范畴，这是较新的教育研究领域，其理论核心建立在临床经验总结之上。而现实中，大概率存在着不符合上述临床经验的问题青少年的案例。因此，不可不假思索，一味推而广之。而且，中国的现实与日本有较大差异，问题和应对措施自然也不能照葫芦画瓢地简单移植。

徐国兴

2025.1.20

目录

前言 / 1

第一章 高学历父母的育子风险 / 1

　　三大育子风险是干涉、矛盾、溺爱 / 3

　　为何高学历父母会"干涉"？ / 8

　　正因为"虚伪"，故易产生言行矛盾的高学历父母 / 10

　　溺爱成为干涉、矛盾的基石 / 15

　　试图按照"理想育子像"来育子的高学历父母 / 18

第二章　对子女过分担心的高学历父母 / 23

育子是变"担心"为"信任"的漫长旅程 / 25

叛逆期缺失是危险信号 / 30

无法信任孩子的三个理由之一：完美主义 / 33

把母亲亲手做的便当扔进垃圾箱的优等生 / 36

无法信任孩子的三个理由之二：虚荣心 / 39

无法信任孩子的三个理由之三：孤独 / 42

我也曾是未得到父母信任的孩子 / 45

被"是我是我"诈骗所欺骗的亲子的特征 / 48

冒充女儿的"是我是我"诈骗较少的理由 / 51

好的压力与坏的压力 / 54

不再动笔绘画的天才儿童 / 56

第三章　心灵容易受伤的高学历父母 / 61

为自己母亲幽灵所困的高学历父母 / 63

高学历偏重型父母的"复仇型育子" / 66

"复仇型"教育终燃为灰烬 / 68

金钱感错位的高学历父母 / 70

高学历父母的"心理弹性"较低　/ 74

第四章　高学历父母容易陷入"早期教育误区"　/ 79

让5岁儿童学习正弦、余弦的高学历父母　/ 81
每周上六次培训课的武田君的例子　/ 82
脑育自有其固有的顺序　/ 85
有比知识、技能学习更重要的事情　/ 88
培养"如原始人那样的孩子"　/ 90
培养"具有学习学校之外知识的动机的孩子"　/ 93
培养"能准确理解对方心理的孩子"　/ 97
正因为是婴儿，所以需要父母和他说话　/ 100
"宅"可以预防　/ 102
欧洲的幼儿园常把儿童带到野外去　/ 105
擅长育脑的父母和拙于育脑的父母　/ 108

第五章　适合高学历父母的"育子方法学"　/ 111

父母要有一贯且坚决的态度　/ 113

不要把智能手机给孩子　/ 118

与其向孩子讲述自己的成功经验，不如向孩子讲述自己的
失败经验　/ 122

尊重孩子的"执着、执拗"　/ 124

总是保持乐观和好心情　/ 129

生活轴心越粗越好　/ 133

后记　/ 135

前言

我的上一部书是与山中伸弥教授合作撰写的《山中教授与同年级同学小儿脑科学者的育子对谈》（2021年10月出版）。托山中教授之福，该书受到社会各界的广泛好评。该书出版以后，父母①和孩子一起来到我担任负责人的"育子科学中心"（位于千叶县流山市）进行咨询的多了起来。

对我而言，山中君与其说是诺贝尔奖获得者，不如说是既温文尔雅又充满幽默细胞的本科同届的同学。因此，在书中，我经常用关西

---

① 这里实际上应该（在大部分场合）仅指母亲。日本都市社会中典型的中产家庭的情况是，父亲全职在外工作负责挣钱养家，母亲在家负责做家务和照看孩子，但一般仍需做些兼职工作。即使母亲全职工作（最近若干年开始渐渐增多），主要负责照顾孩子和孩子教育任务的也多是母亲。在日本，与祖父母三代同居的家庭较少。因此，日本社会长期有"教育妈妈"这一固定词汇。为照顾日文原文，若无特别必要，一般把日文原文中的"親"仍翻译为中文的"父母"；有明确上下文指"母亲"的，则尽量把"親"翻译为"母亲"。——译者注。（本书脚注均为译者所加。）

方言，毫不避讳地抖漏出山中君学生时代的糗事。现在想来，觉得有点对不住他哦（笑）。

最近，我感到，通过我写的书知道了我，然后来我的育子科学中心咨询的高学历父母变得多起来了。总的来说，高学历父母善于钻研和思考，但是一旦陷入迷茫之中，就容易慢慢深陷苦恼之中，好像变得走投无路，到处碰壁了。

比如，有位家长如下这样说。

"至今在睡梦中，我仍然会梦到母亲。因为在梦中被母亲斥责，我经常会突然惊醒并从床上跳起来。母亲经常会严厉地说：'习题集认真做了吗？必须在规定的时间节点之前完成！'对此，至今我仍然感到恐惧。父母的教育给我带来了心理阴影，形成了心理创伤。向成田先生咨询之后，我深深明白了这一点。"

现在，有孩子正处于教育期的父母多是被称为团块二代①的那批人。这批人在其儿童时代，大部分都经受过残酷的升学考试竞争的大洗礼。换句话说，他们被"教育妈妈"严格控制。即使长大成人，他

---

① "团块二代"是相对于"团块世代"而言的。"团块世代"指出生于第二次世界大战后的一段时间的人群。当时出生规模急剧增加，故称为"团块"。团块世代是20世纪60、70年代日本推动经济高速增长的核心人力资源。"团块二代"是"团块世代"的子女，大致出生在20世纪70年代初至80年代中期，因当时出生率较高，故升学竞争异常激烈。本书所指的高学历父母属于"团块二代"。

们的被严厉教育的体验也已经成为心理阴影，挥之不去。

这些人头脑中其实也明白，不能再像自己的母亲那样教育自己的孩子。但是，他们却又深深懊恼，自己实际上仍然像母亲那样在教育孩子。个体只能按照自己被养育的方式来养育自己的孩子，这句话里面有符合客观事实的一面。如果没有得到他人的建言，只能如此育子也是无可奈何之事。

而且，也有家长如是说。

"我自己未能考入理想的大学。我自己未能获得的学历，希望子女能够获得。"

这是"复仇型育子"。如果父母在如此理由的推动下，强迫孩子学习，孩子不满的回镖最终会飞回，射向父母。

为何越是高学历父母越容易为育子而感到烦恼？

我见过很多这样的实例。从这些实例当中，我发现了其背后隐藏的数个原因和基本趋势。正因为这些理由和趋势存在，自然也会有相应对策。在育子科学中心咨询过的亲子中，有很多父母和孩子接近崩溃，但最终，实际上又都恢复到了健康状态之中。

从我自身如此的经验和知识出发，向因育子而烦恼的高学历父母提供实用的建议和解决方案是撰写本书的基本目的。

出版社提出的"高学历父母病"① 这个书名相当辣眼，最初我对之

---

① 日语书的原名为"高学歴親という病"。其中的"という"翻译为（转下页）

有种抵抗感。不过，也可以这样认为，该书名的意思是高学历父母身上生出了日本型"学历偏重主义病"。实际上，不仅是高学历父母，就是那些非高学历的父母也会因此陷入"学历偏重主义"。两者之中，均有很多会为育子而大为烦恼。书名中的"高学历父母"这个词就包括这两方面的含义在内。这一点，请读者在阅读时多加注意。

如今是独生子女越来越多的时代。这样一来，育子就成为"一生只有一次"的人生体验，无法重新再来。父母怀有尽力让孩子往上读的心情这一点非常容易理解。不过，尽管如此，如果父母在教育眼界十分狭促之下，仓皇育子，其负面影响就会波及孩子。如果孩子失去了生活和学习节奏的平衡，那么，整个家庭也将陷入不幸之中。

出乎意料的是，越是高学历父母，越容易因常常孤独而视野变得狭隘。本书也指出了这一点。正因为如此，父母首先需要懂得，"自己也有不懂的事情"，"在这个世界上，还存在自己不知道的育子知识"。自己接受过的教育不是世界上全部的教育，自己接受过的教育对于自己的孩子而言未必是最好的。

如今是多样化的时代。社会需要的人才形象时刻在变化着。正因为如此，不论在什么时代，不论在什么环境之中，能够通用的"普遍人间能力"的培养就变得更为重要。

（接上页）汉语，意为"这样的……如此的……那样的……"。有时候，它含有某种程度的蔑视的贬义。这个书名，直接翻译就是"高学历父母这种病"。译著根据专著的整体原意，斟酌后翻译为"高学历父母的教育病"。

本书介绍了让您的子女能掌握这些能力的一些方法。不要一个人独自烦恼，期待您早一点阅读本书，尽快掌握有效而可行的育子方法。

成田奈绪子

2023 年 1 月

第一章

高学历父母的
育子风险

三大育子风险是干涉、矛盾、溺爱

这是在亲子活动日发生的一件事情。

"现在的孩子啊，你看，有点不对劲啊。"

我注意到，一位向活动方提供了木工体验活动角的女士正在向主办方诉说着。最终，我把头伸过去，仔细旁听这位女士的诉说。

数年前，这位女士就开始参加这个亲子活动了。据该女士说，"在活动日上，从四五年前，孩子就不再主动地参加制作活动了"。

地上铺上塑料布，在塑料布上堆积各式各样的木片，木片堆得像小山一样。这些木片可自由使用，用胶水粘贴成自己喜欢的东西。这该是多么让人心动的活动体验角啊！其设想的核心是，让孩子们自由地创作，而父母则在较远的地方看着。经常可以看到，孩子们"哇"的一声跳进去，很快投入到紧张的木工制作活动中。

不过，如该女士所言，不知道为何，与过去有所不同，现在的孩子们在制作过程中显得束手无策。与此变化相对应的是，父母一直跟在孩子身边，从不离开的例子却明显多了很多。其结果就是，父母开始指导束手无策的孩子进行木工制作。

"你看，突出的角的旁边，那边，有个圆木片哦。嗯，嗯，不是那一个，是旁边的那个。对，对，把它贴上不就行了吗？"

如此这般，父母一直在旁边发号施令，孩子则完全按照父母的指示行事。

从前，孩子们能迅速把木片粘贴起来。有时候，猛然间，孩子才发现巨大的制成品比自己还高。"带不回家了！"出现过许多有趣的事情。

"不过，最近，这样的事情几乎完全看不见了。带这个东西回家，乘电车时有点难为情，或者，家里没有放它的地方，等等。父母的考虑可能很多吧。"

对此变化，提供木工制作活动体验角的女士感到十分遗憾。

实际上，这件事发生在2016年。其后，时至今日，也未听到过孩子们又变得愿意跳进去进行木工制作的消息。这位女士和30年来一直与孩子们打交道的我一样，在纵向地观察着孩子们的样子。正因为如此，我们清楚地意识到，孩子们逐渐变得有些不对劲了。

与此相对，现在的父母却只能看到自己的孩子和同龄人群体。总而言之，由于父母的审视角度为横向比较，他们仅仅觉得"大家不都是这样吗"，并未注意到孩子的本质变化。

该女士说，从四五年前开始，孩子们就已经不进行木工制作了，那么，这个整体变化至少应该从十年前就开始了。

这是非常恐怖的事情，必须高度警惕。如果考虑到应该采取必要措施时，那么结论毫无疑问是，首先应该改变的是大人自己。

在大人的看护之下，孩子能够自由地来来往往，才能学会自己思索，采取行动。有时候孩子因为没做好而受到父母责备，他们会对此感到害怕或者羞愧。这些感受会残留在记忆之中，下次就能够采取修正措施，"以前这件事这样做，失败了，这次换个方法吧"。如此反复试误，孩子就会不断成长，大脑内的"控制力"也就形成了。

但是，很多父母不敢放手让孩子自由行动，甚至可能已经到了剥夺孩子培养思考、问题解决能力和发展自主性的机会的地步了。对此类家长的此类行为我一直很困惑。后来，我从家长的内心深处找到了这些问题的根本所在。

那是参观亲子活动日后的第二年即2017年的事情。

在我任教的文教大学教育学部里，两位本科生调查研究了父母的养育态度。调查从"父母对自己的评价"和"孩子对父母的评价"两个不同角度进行。调查使用有五个领域十个项目的心理检查量表（TK式亲子关系诊断检查量表）。第一次调查的结果让人瞠目结舌。

- 父母对孩子持拒绝态度："不满""非难"
- 父母对孩子持支配态度："严格""期待"

- 父母做得过多，对孩子过度保护："干涉""担心"
- 父母对孩子持服从态度："溺爱""依从"
- 父母对孩子说的是一套，做的又是另一套："矛盾""不一致"

调查的均值如图1-1所示。均值越低说明育子越有问题。50分以上为安全区域，其育子方法没问题。20—50分为中间区域。20分以下为危险区域，父母需要修正育子方法。

干涉、矛盾、溺爱三个领域是凹进去的。尽管参与这个调查的仅有6对亲子，但也可以明显看到这三个领域的得分特别低，有的快接近危险区域了。

如上所述，"干涉"就是父母对孩子的事情说得过多，做得过多。"矛盾"是从孩子的角度而言，感到父母的言与行之间存在着明显不一致。最后，"溺爱"如字面所示，就像疼爱宠物猫一样疼爱孩子，有求必应。

调查结果显示出育子中有三大问题，这与我自己平素的感觉完全一致。包括参与调查的几对亲子、我所在中心的职员、医院门诊来看病的亲子在内，他们身上均多多少少有这些毛病。顺带而言，参与调查的亲子后来来到我的育子科学中心进行咨询，在与我交流之后，他们的亲子关系最终又恢复正常了。对此，我将在后面的章节里，详细叙述。

请回想一下参加木工制作的亲子，母亲指示说，贴到那个突出的角上去。本来，这个体验活动是让父母仅站在旁边观看，让孩子

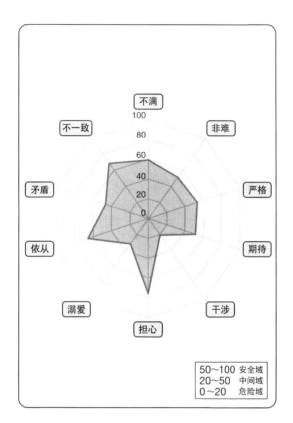

图 1-1　2017 年 TK 式诊断的新型亲子关系的均值

自由活动。但是，母亲最终却深度介入进去。父母对孩子的爱意非常深，不过，爱意的表达方向和表现方式稍微有些问题。

为何高学历父母会"干涉"？

接下来，就让我们观察一些干涉、矛盾、溺爱三个方面"育子风险"的事例吧。

在医院的门诊部，我常常会看到这样的场景，本来是针对孩子的提问，父母却抢着回答，这类情况并不少见。我问："夜里几点上床睡觉？"父母抢先回答："半夜12点。"这时候，即使我抗议说，"我是在问孩子"，父母也会说，"不，这方面，我更了解一些"。他们不可能理会我的抗议。

下面说说我养育孩子的故事，我有个独生女儿。基本上，我认为学习是为了让她本人愉悦，因此，家庭生活里不包括学习这件事。当然，如果她希望我们父母给予学习方面的帮助，我们也会帮助她。不过，我告诉她，她应该尽可能地自己动手。大学升学考试时，我虽然负责支付考试费，但是也明确地告诉她，请求让学校寄来入学申请书、填写申请书、准备推荐信等手续全部需要她自己去做。

结果，就是非常混乱的状态。女儿提交了入学申请书的所有大学都打来电话说"提交的材料有不完备的地方"，比如忘记贴照片、有错字漏字等。女儿填写的所有申请书都被退回来。女儿拼命地重新填写，就这样，反复寄送了三次。尽管如此，我觉得她从中学到了很多东西。女儿复读了一年。第二年提交申请书时，就没有任何一份入学申请书被学校退回。

有些学生在大学升学时提交的入学申请书全部由母亲代为填写。甚至在大学毕业时，就职活动向企业提交的应聘申请表也有很多是母亲代填的。在我工作的大学里，我就见过很多这样的事情。比如，甚至还有母亲代替孩子进行选课登记。另外还有这样的事情：

"我把孩子的精神健康保健师资格考试的申请书填好了。然后，我把它放到信封里，封上信封后，让孩子投到信箱里。麻烦你们看看是否邮寄给你们了。"

也有父母打这样的电话过来。

如此过度干涉、过度保护的父母会阻碍孩子们的自立能力发展。其结果就是，孩子一旦脱离父母的监管范围，就可能给别人带来麻烦，引发一系列问题。

比如，还有如下这样的父母。真须美是全职银行职员，她非常担心正在小学三年级的儿子的家庭作业的完成质量。

"如果不和他说话，他就一直坐在那儿发呆，不管到什么时候也没有开始做作业的意思。如果问'作业怎么样了'，他会坐到桌子旁，但仍会继续发呆。因此，尽管我下班回来，非常疲倦，也不得不坐在儿子旁边，一题一题地让他做。那些题目他也不是不会做，但如果不在旁边督促他，他就是不做。慢慢地，我的声音就变得粗暴起来。早上也是这样，尽管我上班前非常着急，但他却站在书包前发呆。结果就是，我一边发火，一边把他当日需要的教科书和笔记本放入书包里，把铅笔削好……我真的太累了。"

这位家长来我的育子科学中心咨询。"不要这样了。作业，还有带到学校里去的物品，如果孩子自己没有感到不便的话，他们自己就不会整理。作为妈妈，尽管放手就行了。这样做，就会最大限度地降低疲劳感了"，我建议道。"确实如此啊"，这位母亲这样说，当时似乎理解了。但是，其后，三个月内，每月一次，她会就相同的问题来我这儿咨询。

尽管我每次都给予相同的建议，但这位母亲就是担心儿子的"无能"。尽管碰到这类问题时，母亲能够想起我的建议，但结果就是母亲自己无法忍受，还是自己动手做了……现在儿子已经是小学六年级的学生，对母亲过度插手自己的事情也非常反感，经常会以强硬的口气顶嘴，甚至好像发展到扔东西砸向母亲的程度。另一方面，直至今日，他也无法带齐到学校去的物品。"为何，我不能像自己想象的那样，顺利让孩子成长呢？我是如此地尽心尽力。"真须美直到现在还对这件事叹气不已。

正因为"虚伪"，故易产生言行矛盾的高学历父母

进入偏差值①超过65的中高一贯女子学校读书的一位女生变得不

---

① 偏差值是日本社会衡量中学与大学的学生个体的学业水平，进（转下页）

登校了[①]。当开始准备上学的物品时，她就开始头痛和想呕吐。后来，她被诊断患上了起立性调节障碍。即使女儿处于如此病况之中，母亲惠仍然面带微笑。

"只要女儿身体恢复正常，我就一切满足了。学校不去也行，休学也可以的。"

不过，尽管一边说只要女儿身体状态好转就行了，另一边却又说："这孩子英语不是很好。如果英语落下了，就很糟糕了。因此，在有英语课的那天，我开车送她去学校。"很明显，母亲惠执意让女儿带病去上学。高学历父母如此显露自己的野心并不好。

有一天，正逢学校体育运动会。在这段时间里，随着这位女生的生活习惯改善，尽管有时候会迟到，但她也能够自己到学校去了。她自信满满，"一定要参加学校运动会，我会认真调整和管理自己的身体状态，如果运动会当天我觉得自己能够独立去学校，就自己去"，女生精神抖擞地认为。

但是，母亲惠却说："如果你参加体育运动会，搞不好身体又会变差，接下来，不就又不能到学校去了吗？这也给周围的孩子们添麻烦。

（接上页）而衡量在校学生整体，甚至学校的教学质量和社会声望的重要指标。它是一些全国性教育培训机构通过比较严格的调查程序和计算公式测算出的高考模拟考的相对分数。但是，政府等官方机构对此指标并不认可。

① 不登校是日本的一个独特概念。根据日本文部科学省的定义，处于义务教育阶段的学生每年缺勤达30天，就被记为"不登校"。

我私下和你的班主任联系一下，运动会请假好吗?"

鉴于母女之间的分歧，我这样劝说母亲惠："孩子自己已经说了，不管怎样，就是想参加运动会，在此之前她尽量调整身体状态。作为母亲，只要相信孩子就行了。如果不巧孩子当天身体状态不好，只要向朋友们说，'我的身体状态有点不好，我想休息一下'，这不就可以了吗? 既然是孩子自己决定的事情，即使失败了，之后她也可以自己重新再来。"

如此向惠说后，"是的啊"，她点头赞同。

父母感到不安，因此才会干涉孩子。虽然不安的根源因人而异，但一般而言，背后隐藏着父母"希望自己的孩子与其他孩子们一样"这一愿望。还有一些父母的期待目标更高，"希望自己的孩子比同龄人好些"。好一些的方面有学历、职业，或者是，能够参加全国运动会，在大会上取得奖项，等等。让自己的孩子超过其他孩子的虚荣心非常明显。

不过，高学历父母不会让这种充满虚荣的真实想法显露出来。母亲惠经常如是说，"只要女儿在学校保持普通成绩就可以了"。

高学历父母看起来是非常睿智的父母，实际上我则感到他们是野心家。不过，他们在内心深处的某个地方清楚明白，该野心被整个社会认为是"不希望出现的东西"。因此，他们把这种野心给藏起来了。他们知道，一旦把这种野心显露出来，自己的形象就会变坏。

不过，对于具有在班级中成绩优异、知名大学毕业、知名企业工作等人生经历①的父母来说，上述对子女的希望与其说是野心，不如说是非常普通的正常想法。如果自己的孩子与自己的人生经历完全不同，高学历父母们就会变得非常不安。如果孩子达不到自己想象中的"普通"标准，高学历父母们就会开始焦躁。

如母亲惠一样，在高学历父母群体中，让孩子参加初中升学考试②非常常见。不过，尽管这些人的孩子费劲地进入了中高一贯校，但是他们中的很多人入学之后不能适应学校生活。如果孩子变得不登校，或者迟到和缺席增多，学校的老师就会说，"这样下去……是不是就不太适合在我们学校学习了"。孩子不去学校的理由很多，比如，与朋友相处不好，跟不上学校课程，与学校氛围不和等。

"尽管我们曾经觉得孩子进入公立中学（高中）学习也可以，但偶然去参加初中升学考试，很幸运地考上了私立初中，就让她进私立初中读书了"，到我这里咨询的一对父母如此说。"既然如此，那就让她转到自家附近的公立中学读书试试，怎么样？""你们家附近也有公立中学吧！"我这样建议。听到我话，父母齐声说道："哪个地方的学校都可以啊。"

---

① 这是日本社会对社会成功人士的典型定义。
② 日本义务教育为九年制，实际上已经普及了十二年教育。义务教育覆盖小学六年和初中三年。整体上，公立教育系统的小升初无需任何升学考试。但是，日本还存在一些私立初中和私立中高一贯校。这些学校中的一部分有严格的入学选拔考试。这些学校的培养目标是让学生高中毕业后考入知名大学。

尽管如此，一旦话题到了转学的具体事宜时，父母就强烈反对了。

"既然已经考入了中高一贯校，至少就不想再让她经历高中升学的考试了"，父母这样说道。其实，父母心里是不喜欢让孩子到公立中学读书的。实际上，他们就是想让孩子继续在中高一贯校读书，紧紧抓牢已经考上的这所学校。

如此说出来的和心里所想的特别不一致的情况，父母本人并没有意识到。比如，尽管心里想："已经费劲考上了中高一贯校的初中，就这样直升高中不好吗？"这样想本来也没什么问题啊。可是，不知不觉，父母就把"即使转学到公立中学也……"说成是自己的内心想法。

在孩子面前，说出矛盾的话语来，就会让孩子觉得前后不一致。对孩子而言，这就形成了双重束缚（Double Bind）①，即父母表达了完全相反的两个价值观，这会让孩子更为不安。

———————————

① "Double Bind"理论由人类学家、心理学家格雷戈里·巴特森（Gregory Bateson）于1956年最先提出。例如，如果一位母亲对孩子说"我爱你"，同时却扭过头去不再理睬他/她，这时，孩子可能就受到了"双重约束"（有时候因人因地而异）的影响，从而产生无所适从的感觉。该理论认为，如果孩子长期受到双重约束，就容易精神不稳定，甚至不正常，严重的还会患精神分裂症。双重束缚的现象在普通家庭的亲子关系中非常常见。后来，该理论常被临床心理学者用来解释儿童心理或精神问题并希望问题儿童的家长通过适当方法加以改正。但作为人类学家的巴特森其本意并非如此。

来我的育子科学中心面谈之时，孩子们常常介意自己的学校出席情况，非常担心自己是否能够升入高中。他们按照母亲或父亲所说的那样生活着。简而言之，他们就是生活在父母干涉的阴影之下的孩子。他们从父母的表情和动作举止中，解读父母的真意，"母亲肯定这样想，希望孩子就这样直接升入高中"。

到我这里来咨询的母亲的真实想法，如果仔细往深处追问，也会显露出来。这时候，母亲会慢慢听我说下去，但是从中却怎么也看不到父亲的存在，或者是出现母亲与父亲的育子观点不一致的情况。其整体的特征是，在家庭中，父亲的存在处于特别微妙的地位。

当孩子在家庭中获得一定程度的尊重，或者被给予一定的选择权，他们往往会敏锐地觉察到父母的言行矛盾，并愤怒地指出，"你们自相矛盾"。这样一来，孩子的反馈会让父母注意或者调整自己的言行。目前在我接触的案例中，尚未出现能自主表达、坚持立场、会反抗父母的孩子因与父母矛盾激化而选择休学的案例。

溺爱成为干涉、矛盾的基石

眼里只有自己的孩子，向孩子倾注了过多的感情，这就是溺爱的形象。所有人都是认为自家孩子好才采取相应行动的。因为高学历父母群体中经济相对富裕者较多，更容易陷入"自家孩子好"的想当然之中。尽管从表现上非常难以区分"溺爱"和"宠爱"，但是，"宠爱"

没有干涉，仅有满满的感情，因此，它在我心中绝不是贬义词。

溺爱的问题是，它很容易导向干涉。而且，随着干涉继续下去，为了让干涉正当化，父母现在所言就与过去所言之间不免发生矛盾。这样一来，以溺爱为基石，干涉、矛盾就乘机而来。总而言之，育子的三大风险之间互相关联。

可以说，高学历父母溺爱自己孩子之时的核心特征是"智慧抢先"。高学历父母有知识、头脑清晰，看着自己的孩子"这样下去会失败"，一定程度上对不远的将来可能发生的事情有某种预见性。当这种"预见力"过于强大时，结果就会导致父母为孩子准备"让他们不会摔倒的拐杖"。

有位母亲经过长期的不孕治疗后，35岁之后才好不容易怀孕生出了女儿。她非常疼爱女儿。我印象最深刻的是她说过的一句话："好不容易才怀上的孩子，我曾经经历过的所有幸福的事情，都要让她经历。"这位母亲自己学过的钢琴课、以中学升学考试为目的的学习塾（培训班）都让自己的女儿上了。

可是，女儿并没有如夫妇所期待的那样在小学里取得好成绩。母亲对此不甘心，在女儿三年级时，直到夜里十点、十一点，还让女儿在学习塾里补课学习。尽管夫妇都是全天工作的人，二人分工承担女儿到学习塾学习的接送工作。

"是不是有点过头了"，当我向母亲这样说时，"如果不能取得好学历，就无法得到幸福生活，如果学习成绩这样下去，她的人生就坠入不幸之中了"，母亲这样回应。这就变成了"低学历的人们不幸福"这样的生活逻辑。尽管她本人并没有意识到，但我感到她内心深处强烈的区分与歧视意识。

对孩子的溺爱而生出这样的抢先行为，这在其他的高学历父母身上也经常出现。我曾听说过，在小学里，高学历的母亲如果预见到"某些方面对自己的孩子不利时"，往往会亲自、主动向班主任说些什么。比如，在学校运动会上，低年级学生要与高年级学生组成小组来表演体操。如果对于与自家孩子结对的孩子的缺点有所了解，母亲就会向老师请求，"和我们家孩子结对的孩子老是喜欢埋怨别人，让我们家的孩子和别的孩子结对吧"。

老师虽然心里认为"家长不应该这样说"，但却无法直接拒绝他们的请求。对于这些强烈希望别人称他们为精英的从事医生、律师等社会上层职业的家长来说，如果拒绝他们的这个请求，后果可能难以预料。万一出现双方均不愉快的沟通情况，"你这是怎么回事"，可以想见，他们的投诉会一波接着一波而来。

最终，老师大都会考虑他们的请求，更换结对的孩子。这样做的伤害也会返回至他们孩子的身上。察觉父母向老师说了什么的孩子们，会指责父母。最容易被伤害、感到不愉快的是高学历父母的孩子。

另外，"别人说我们家孩子的坏话了，希望换个班级""绝不想六年间都和某某同一个班"，等等，毫无道理的来自家长的请求也多数存在着。这些请求的动机其实只有一个，那就是让自己的孩子"不管怎么说，只要幸福地生活就好"这一点。

不过，从老师的角度而言，虽然想说"因为这样做不平等，所以无法答应"，但是因为想回避可能出现的麻烦问题，所以就根据家长的请求去做了。从父母的角度而言，自己的行为没有恶意，也没有想到过这种行为会让其他孩子感到对自己不利、不平等。极端溺爱的最终结果就是，家长自己不知不觉间已经变成了怪兽父母（monster parents）。家长本人也许会因为努力地抓住了合适的时机，回避了可能的争端而感到安心。

高学历父母像这样溺爱孩子的一个原因是，他们是高龄生产。本科和研究生毕业并在工作上取得一定业绩的父母存在着晚婚晚育的倾向。朋友们大都已经结婚生子了。如果朋友们培育出了优秀的孩子，那么，在高学历父母眼里，朋友们的生活就非常幸福，闪闪耀眼。如果有成功的前例，那么，这对于后来者而言，就有点辛苦了。正因为自己是后来者，如果自己不做些什么，自家孩子就不行了，高学历父母往往就这样开始焦急起来。溺爱就在高学历父母本人无意指向的地方，成为他们的风险育子的出发点。

试图按照"理想育子像"来育子的高学历父母

那么，同时具有干涉、矛盾、溺爱三大育子风险的父母都是什么样的父母呢？

在某自治体①的支援机构里，我遇见了一位名叫靖子的女士。靖子在某公司工作，现在是该公司的董事会成员，她的职业经历十分辉煌，丈夫也在一流企业工作。二人有两个正在上学的女儿。大女儿在私立中高一贯校就读，小女儿在私立小学就读。二人的人生经历看起来就如同画中的高学历夫妇一样美满。

尽管如此，二人却为大女儿的暴力倾向而苦恼。大女儿如果遇到不如意的事情，就会立即暴怒起来。靖子说，她对大女儿已经毫无办法。

最让人震惊的是，大女儿用剪刀把二女儿的校服剪碎了，裙子和上衣都成了小布块，二女儿则在旁边哭喊着。靖子大怒，暴打了大女儿一顿。

实际上，靖子自己也有一个妹妹。自己与母亲之间也曾经存在深深的隔阂，发生过大量争执。作为长女，靖子受到母亲过度的严厉对待。与此相对，妹妹则明显得到母亲的特别关爱。母亲感情起伏剧烈，经常对靖子发火。作为长女，靖子不得不时刻小心翼翼，注意不要惹母亲不高兴。与此相对，作为二女儿，妹妹则是不管做什么都能得到母亲的原谅。靖子从未感受到来自母亲的爱，童年时代留给她的满是辛酸的记忆。

"真累啊！但正因为这样，我一直想用正确的育子方法来教育孩

---

① 自治体指日本地方行政体，有都、道、府、县（相当于我国的省、自治区、直辖市）和市、町、村等两个层次，但互相之间，以及与中央政府之间并无直接的隶属关系。

子。母亲教育我和妹妹那样的方法不能使用了。我选择了正确的育子方法。我一直这样认为。"

尽管靖子主观上以母亲作为反面教材，实际上，她自己不是和母亲一样教育孩子吗？——被剪烂的校服成了碎布，堆成了小山，这好像已经全面否定了靖子在育子上所做的一切努力。

靖子并不是与他人有什么不同的父母。正在育子之中的大部分父亲和母亲都会说，"自己的父母是随时会打孩子的人，我一定不打骂孩子""自己的父母不太在意孩子说的话，自己要做一个倾听孩子话语的父母"，如此这般下定决心。不过，由于自己经历过的育子模式的影响，慢慢地，在不知不觉之间，就按照自己经历过的教育方式来教育自己的孩子。尽管对父母的育子方式有疑问，但是，高学历父母却无意识地模仿了自己父母的育子方式。

在和靖子谈话时，我可以感受到她的"我这个人不行"之类的自我肯定度较低和较为复杂的情绪。尽管拥有高学历，社会地位也很高，但她却很难从童年时代一直不认可自己的母亲的束缚中走出来。她经常充满不安，感情具有易爆发的不稳定倾向。

孩子的父亲仅仅来过我的育子科学中心一次，大概是被妻子嚷嚷着，催促着，不情愿地来我这儿吧。他以非常严峻的表情，开始表达自己的育子观点。

"在公司中，我做管理工作。我遵循自己的内心原则与同事交往，非常在意人与人之间的关系。但是，女儿的行为与此完全相反。"

这样说就是想表明，自己的女儿是多么地不对，自己的所作所为是多么地正确！

"女儿幼小时，我曾把自己认为应该怎么做告诉她，我仅仅是提醒她、警示她，结果不仅遭到大女儿的反抗，妻子也训斥我，认为我这种行为近似虐待，要求我今后必须摒弃这种行为。大女儿完全不听从我的建议。二女儿则听从我的建议，并付诸行动，在学校里学习也不错。既然这样，为什么必须要宽容这孩子呢？完全不能理解。因此，我再也没有教育这孩子的心思了。"

让我十分吃惊的是最后这一句："如果能够预测到生出的孩子会是这样，我想我就不会和妻子结婚了。"

父亲认为自己的价值观是绝对真理，在与自己不同的观点面前，非常顽固。

另外，父亲还有一些观点。自己接受的是来自父母的斯巴达式的教育，正因为自己接受了这样的教育，才能有今天的社会地位。这不就是"幸存者偏差"①吗？自己成功幸存——克服了艰难困苦——的感

① 幸存者偏差（Survivorship Bias）是一种常见的逻辑谬误，即只看到经过某种筛选之后的结果，忽略真正的关键信息。"幸存者偏差"源于第二次世界大战中一个著名的故事：在二战中，空军是最重要的兵种之一。但是，盟军战机在空战中损失严重，无数次被纳粹炮火击落。于是，盟军总部邀请了一些物理学家、数学家以及统计学家组成研究小组，专门分析"如何降低空军被击落概率"的问题。当时，军方高层统计了所有返回飞机的中弹情况，发现机翼中弹较密集，机身和机尾则中弹较少。于是，他们提出建（转下页）

觉就成为自己做出判断的唯一标准。因为无法考虑到非成功幸存者的感情，所以，父亲对待大女儿非常严厉。

读到这儿，读者们也许会对自己的育子方式产生了一丝否定的感觉。不过，我不是想煽动父母们内心的不安，我想说的仅仅是，"如果具有正确的知识，与孩子交往，从任何时候开始，都能够矫正自己的育子方式，让孩子们能够健康成长"。

对此，下一章再详细说明。

（接上页）议：应加强机翼防护。但这一建议被研究小组中的哥伦比亚大学的统计学教授——沃德（Abraham Wald）给驳回了。沃德教授提出了完全相反的观点：加强机身和机尾防护。沃德教授认为：统计的样本只是平安返回的战机；被多次击中机翼的飞机，似乎还能够安全返航；在机身和机尾的位置，很少发现弹孔的原因并非这儿真的不会中弹，而是一旦中弹，其安全返航的几率极小。总之，返回的飞机是幸存者。官方统计只看到了一部分幸存者，却没意识到这些幸存者只是极为个别的特殊的数据，缺少代表性。因此，仅仅依靠幸存者做出判断是不科学的，那些被忽视了的非幸存者才是关键信息。但是，它们根本就没有能够飞回来！

第二章

对子女过分担心的
高学历父母

育子是变"担心"为"信任"的漫长旅程

从1998年开始，我开始担任儿童精神心理疾病的门诊医生。从那时起，对于儿童心理疾病，盘旋在我心中的一个关键词汇就是"不安"。此前，我一直研究消除不安的荷尔蒙血清素。因此，我现在思考"自己内心不安的父母如何顺利育子"这一问题，并开始关注父母对儿童的精神心理的影响。

仔细分析后发现，父母全都立足未来，给予孩子过度的照顾。立足未来是因为对自己的孩子不信任。

我女儿出生于1999年。父母对于婴幼儿的不安感，我自己也亲身经历过。因为那时孩子过于娇小，是一副碰一碰就可能会坏掉的样子。她是在呼吸还是不在呼吸？甚至到了想拿听诊器去听一听的程度。这种心情难以言说，每日都处于担心之中。

当时，作为父母，我对孩子的态度是100%"担心"。对我而言，女儿就是"担心"的集合物。在育子这件事上，最初，父母抱有不安感非常正常，我自己的经历也这样告诉我。

不过，当孩子长到3岁左右时，他们学会了说话，拥有了独立行走的能力，生活起居也逐渐自理。孩子会用语言表达他们的需求，比如渴望父母的拥抱或想要休息。如果孩子的这些愿望得到满足，他们会立刻以笑容回馈父母。仅仅数月之后，孩子的身体迅速成长，面容也悄然变化。因此，孩子的笑脸有消费期限，那是只有父母才能体味到的微笑。

从这时候开始，比如，我请求孩子，"请拿一个橘子给我"，孩子就会从我这儿走到那边的橘子箱，从橘子箱中拿一个橘子，过来给我。而且，如果我表扬她说"真棒啊"，她会表现出满面得意的样子。作为父母，这时候也会觉得，成功地给予了孩子一次信任。

渐渐地，孩子能够自己穿衣服，自己刷牙，有时候也能帮父母做些事情。看到孩子的这些成长，身为家长的我深感欣慰，并秉持一个原则：每当孩子展现出胜任某项任务的能力时，便放手让她尝试，这份对孩子的信任日益增加。这时候，对孩子的信任增加到15%左右，而相应的担心降低到85%左右。（图2-1，从担心向信任变化，3岁）

"原来，随着信任的增加，自己的不安在减少啊。"

我对此几乎是确信的。

而且，在与门诊病人及育子科学中心的会员交流各自的育子心得时，我发现，我坚定地让女儿去做的事情，他们却全不让孩子去做。

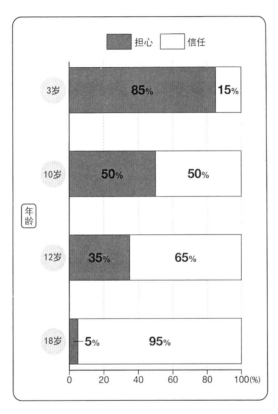

图2-1 从担心向信任的发展变化

到我这儿来咨询的父母之中，高学历占多数。我自己既是大学教师也是医生，也属于被社会称为高学历的那类人，所以我完全能够理解高学历父母的育子的现实样态。

比如，孩子即使到了小学三四年级，父母也不敢把家里的钥匙交给孩子。我认为，即使是低年级的孩子，也可以尝试给他们这份小小的责任。我询问父母不把钥匙给孩子的理由。父母会这样说："如果孩子把钥匙弄丢了，那就麻烦大了。""不是这样啊，孩子可能会弄丢，但是，如果弄丢了，孩子本人就会觉得这次事情做得有点糟糕，从下次开始，自己要小心了。如果没有丢掉，那么这次经历就增进了孩子的自信。这不也同时建构了亲子之间的互相信任的关系了吗？"我说。

虽然我这样尽力劝说，母亲们却顽固地反对："不，孩子绝对会把钥匙弄丢。如果钥匙弄丢，让小偷摸进家里来，那就太糟糕了。"我再稍微降低标准，提议说，"和孩子一起乘电车时，让孩子自己拿着车票吧"。这样，既能为父母提供信任孩子的机会，又能逐步培养孩子的责任感。但是，不管我怎么说，母亲总是说，"如果孩子不小心弄丢了，那就太麻烦了"。

尽管建议接连被拒绝，我也没有气馁。我进一步提议道，"一定要让孩子自己管理零花钱"。这是因为，孩子如果能够自己管理零花钱，就可以促进家长信任孩子的亲子关系的确立。我这样一说，母亲们会立即回答道："哎呀呀，零花钱一下子都给孩子的话，孩子不是一下子就用完了吗？"这不仅是从一开始就不信任孩子，而且总是带着担心的心情处理所有有关孩子的事情。

遇到了坏人怎么办？钥匙弄丢了，小偷摸进家里来了，怎么办？仅仅是想一想这些可能会发生的事情，父母心中就泛起了阵阵不安。

父母因此不安可以理解。但是，这种不安心理如果一直存在，就容易走向干涉、矛盾、溺爱三大育子风险。总之，这种不安阻碍了孩子的自立发展和顺利成长。在上述父母的育子行为中，存在着很多此类的高风险。

高学历父母具有远见卓识，因此，拼命想用自己的能力，让孩子回避失败的风险。父母由于担心过度，变得无法信任孩子。因为既缺乏审视和重塑育子言行的闲暇时间及心情，也缺乏相应的机会，家长并没有在与孩子之间建立信任关系的考虑。

当然，我自己也曾有过这样的心理矛盾。一方面，感觉快要被过度担心给击倒；另一方面，同时却又觉得，这种关键时候，自己不努力不行，想尽力坚持住。即使在担心占上风的时刻，我也避免过分干预孩子的事情。父母代替孩子，做家庭作业，整理学校书包等这类事情，我从来不做。女儿老是忘这忘那，我也经常忘这忘那的，因此，对女儿的这类事情，我也仅仅是说"真有妈妈的基因啊"，从未伸手干涉过。

父母努力相信孩子，"父母言行中的信任"的分量就会逐渐增加。有一天，家长就会注意到，"我家孩子，近来从未弄丢钥匙"。

孩子慢慢长大，渐渐具备了独立思考和行动的能力。

育子就是把"担心"变成"信任"的漫长旅程。这是我自身经验的总结，也是我坚信的育子理念之一。

叛逆期缺失是危险信号

不过，父母不相信孩子也不仅仅是父母一方的原因。我们来看看现代的社会环境吧。

不仅学校，社会也不允许个体犯错误，要求个体自己负责。个体如果失败或者中途遇到挫折，无法重新再来。在这样的社会里生存是有压力的，这是父母不相信孩子的现象出现的客观背景因素。在这样的社会里生存，我们自然会感到不安。

尽管社会如此，但父母也不能让大脑发育尚未完全的孩子过度地参加各种培训以及体育训练。在小学四年级时，担心和信任之间应该是50%对50%（图2-1，10岁）。这时候，父母应该重新审视自己的育子实践，适当修改育子原则。只是担心而无法信任孩子的高学历父母却往往坚持干涉、矛盾、溺爱的育子方针。在接下来的日子里，父母虽操碎了心，但效果却适得其反，这样的回旋镖可能会接踵而至。

换句话说，这就是肉眼看不见的所谓的"小四"危机。这是孩子们成长过程中的一个关键的岔路口。

小学五年级和六年级是小学的高年级学段。这时候，老师会把孩子们视作学校里的"小哥哥、小姐姐"。他们也经常会成为运动会等校内活动的领导者。那些未成为领导的学生，也会以同学的身份来支持学生领导的工作。这样，就形成了同学间互相支持的校园文化氛围。在学校中，他们是孩子们值得信任的学生群体。

因此，在小学六年级时，尽管学生之间存在个体差异，父母对孩子的信任应该增至60%—70%的程度（图2-1，12岁）。这个年龄阶段是所谓的"前青春期"，是孩子的自我意识生根发芽之时。自己是什么样的人？家族、朋友、老师是什么样的人？孩子开始以严厉的目光来审视这一切。在这个时期里，孩子有时就会和别人发生冲突，有时也会顶撞父母。

比如，孩子会经常和父母耍嘴皮子，用粗暴语言顶撞父母，等等。如果是男孩子，用脚踢兄弟姐妹或者母亲，因烦躁而敲打墙面诸如此类行动经常出现。这一时期，性激素大量分泌，对杏仁核和海马体等大脑的多个部位产生影响。杏仁核紧靠海马体，为感情控制区域。在青春期，性激素大量分泌，刺激到杏仁核，感情就变得容易爆发。

因此，从父母的角度来看，他们可能会困惑不解："为什么孩子为了一点小事，就如此暴怒，不耐烦？"这样的情绪反应常常让父母频频皱眉。孩子自身也被不明就里的感情波动所困扰，无法自我控制。由于性激素的过度分泌刺激大脑，使其具有反抗性，但孩子对此却浑然不觉。于是，孩子经常是把本不想说的恶言恶语向父母倾泻出来，事后又深感懊悔。实际上，这些经历让孩子自己也处于非常痛苦的感情状态之中。

从这个时期走出来，当孩子步入高中三年级，年满18周岁时，父母对孩子的信任度应该达到95%，几乎达到了全然信任的程度（图2-1，18岁）。在日本，18岁的孩子已经被赋予了公民的选举权，进一步证明了这个年龄的孩子们值得父母信任。

但是，几年前，在大学的课堂上，我提出了一个问题："仍处在叛逆期的学生，请举手。"在100多位选修"儿童发展"课的本科一、二年级学生中，只有两位学生举起了手。正因为此，我想问一问，高中以后叛逆期还存在不存在。

100人中间只有2人。不，不可能是这样。或许是因为这些学生如果把自己仍处于青春期这件事说出来有点不好意思？又或者是，在反抗作为老师的我？带着这些疑问，我决定当面访谈一下学生。我从讲台上走下来，拿着麦克风，"为何不反抗呢？"在教室里边走边问。

"怎么说呢，我妈妈说的那些话，没什么的，不值得生气啊。"
"没有反抗的理由。"
"我自己也不知道具体原因啊。我们家，大家相处得都很好啊。"
"不，不，如果反抗了，就变得麻烦了。"

而对那些声称自己不反抗父母、维持家庭和平的学生们，我不禁连连摇头，说："不，不，你们是不是有些'不正常'？"
"同学们，现在，你们都已经18岁了。因此，不管是什么事情，总归会有办法解决的。回家以后，该反抗时就反抗你们的父母吧！不管有什么样的不满，都请说出来。"

我这样一说，"成田老师，这样不好吧"，学生们都表现出一副瞠目结舌的样子来。

从那年开始，我每年都会向学生们提问同样的问题。只有在特殊时期，因为采取了线上授课，没有能够当面采访，故没有这样提问。除此之外，在每年提问之时，在大学80—100人的教室里，回答"处于叛逆期"的学生一直只有2—4人左右。

如果我们的孩子没有叛逆期，对于父母来说，未必是一件可喜可贺之事。这是因为，没有叛逆期的孩子，长大成人之后，感情爆发的例子并不少。如前所述，这就是后果非常严重的回旋镖。

无法信任孩子的三个理由之一：完美主义

自己的孩子长期宅在家且有暴力倾向，高学历父母对此束手无策，最后只好来育子科学中心咨询了。其中，尽管有一些家长会感到"对孩子来说，自己的育子方法可能不太好"，但是，最终并未改变自己的育子观点。

家长观点未改变的具体理由是什么？首先，高学历父母一直担心、无法信任孩子的理由之一是完美主义。以下，对此简单分析。

"不放心的食材，绝对不吃。"说这话的是在某大企业工作并有一个小学生女儿的瑠美女士。她定期邮购能够让她放心的食材，这些食材是能够通过追踪知道生产者姓名的有机蔬菜、肉和鱼类等名牌产品。在周末，她把一周的量准备好，冷冻起来，然后，每天用这些食材，自己做饭菜。对于非此来源的食品，她们家从不触碰。从断奶那一刻开始，瑠美的女儿一直吃用这些品牌的食材精心烹制的饭菜。

在学校，她女儿的学习成绩非常优秀，在课外，她在体育、乐器等技艺训练课上的表现也非常优秀。瑠美女士自豪地说："感觉自己生出了一个理想的女儿。"父亲的业余爱好是铁人三项，受此影响，女儿从小学三年级起也开始练习铁人三项。她参加了体育运动会，并在儿童组获奖，站上了领奖台，展现出了体育方面的才能。

在铁人三项运动中，体重越轻越占优势，加上瑠美女士对食材的严格要求，就使其女儿对吃更为挑剔。为了在食物减量的同时又增加肌肉，瑠美女士更为严格地选择食材，在烹饪上更加精益求精。正因为是高学历和高收入，她才能做到这一点。

在瑠美女士的完美主义的牵引下，女儿禁欲般地对饮食进行控制。除此之外，她还要在早上进行跑步等训练，这对于身体尚未长成的小学生而言，无疑是一项异常艰巨的挑战。

慢慢地，女儿开始吃不进去饭菜了，因为对待学习非常认真，所以她仍会坚持去学校。但是，学校的饭食她却无法下咽。在家里，她也仅仅吃两三个花生米大小的饭团。很快，她的身体就变得又细又瘦，体重比同年龄人的标准体重要低30%。在周围人的劝说下，她最终前往医院，被诊断为"摄食障碍"。然而，即便接受了治疗，她的食欲也并未立即恢复。

经过一系列波折之后，母女两人来到我的育子科学中心进行咨询。这时候，瑠美女士因为过度担心，已经有点站立不安了。当我第一次看到因为身体消瘦，脸颊下陷、脸色青白的女儿时，非常震惊。这才是四年级的小学生啊。

在与瑠美女士面谈的同时，我也与她女儿建立起联系。慢慢地，她女儿愿意和我说话了。我问道："为什么吃不进去饭呢？"

女儿的回答令人震惊。

"因为妈妈太漂亮了。"

女儿的母亲——瑠美女士高学历、高收入。她身材苗条修长，长着一张美人脸，擅长做饭菜，方方面面都非常完美。女儿深感自己已经无法长成妈妈那样了，这让她苦恼。大约是小学三年级的时候，她的体型逐渐增大，她想，这样下去，就变不成妈妈那样了，为此非常不安。因此，也许她自己过于努力了——这是女儿所说的大致内容。

孩子所说的"太漂亮了"，实际上就是，我这样做就是因为妈妈完美的意思。"想成为"母亲那样的愿望，在孩子自己没有意识到之时，也许已经变成"必须成为"的强迫观念，这让孩子陷于痛苦之中。

摄食障碍的一个明显症状就是对环境和父母表现出一种拒绝的态度。我所接触的患有摄食障碍的儿童，他们的父母大多对饮食极度苛求。如果父母长期严格控制孩子的饮食，孩子可能会逐渐失去正常进食的能力和意愿。这些父母大多数是高学历父母，不管是什么事情，他们均能完美并轻松愉快地完成。

我对瑠美女士说，"瑠美妈妈，说实话，你女儿的状态可能非常糟糕。如果持续不进食，会不会突然间倒地不起？在事情到这一步之前，你们恰巧能够来我的育子科学中心咨询，是不幸中的万幸啊。"瑠美女士听后眼中含泪，接受了我的一系列建议。

在共同努力下，瑠美的女儿逐渐恢复了正常饮食，体重也回到了健康水平。瑠美女士后来告诉我，她意识到，作为母亲，过度的完美主义有时候会成为孩子的负担。

"母亲努力再努力，尽力去把孩子养育好，这一点，我明白。不过，是不是可以稍微放手？不是有机蔬菜也可以吃，偶尔不亲手做饭也可以，在外边吃也完全没问题哦。"

我的亲身感受是，很多高学历父母的感觉非常敏锐，因此心灵容易受伤。他们因为感受性强，也容易察觉不安，为了预先回避各种不利因素，对当前能做的事情，就拼命努力去做。他们通常溺爱孩子，父母的这个形象，在孩子眼里就是，"父母总是担心，一点也不相信我"。

把母亲亲手做的便当扔进垃圾箱的优等生

有一位职业是研究者的母亲，某日把煮饭的电饭煲给扔了。我问她原因。她说，"我只用土锅煮米饭"。

用土锅煮米饭，因此电饭煲不需要。她有三个孩子，分别是小学生、初中生和高中生，正是育子需要花大量时间的时期。而且，他们夫妻双方均有全职工作。每天用土锅来煮饭，简直不可想象！我自己每天都要为如何才能合理安排家务而绞尽脑汁，因此，对这位母亲的举动感到吃惊。

与母亲一样，父亲也是研究者。但父亲更忙，家务和育子几乎无法参与。家务全是母亲一个人操劳，因此，她应该非常辛苦。另外，母亲坚决不购买预制蔬菜，家里的饭菜都是她自己做的。

除了对饮食有着如此执着的要求外，母亲在孩子的各种训练和学习塾的接送上也绝不会迟到，学校发下来的各种打印材料也被她分门别类地整理在文件袋里，打扫、洗衣等家务她也完全自己承担。

可是，高中生儿子突然无法去学校了。早上，他的肚子疼痛得非常厉害，常常在厕所里蹲一个小时，被诊断为过敏性肠综合征。更具讽刺意味的是，对于母亲做的饭菜，他却以"吃了肚子痛"为由，几乎一口也不吃。

类似这位高中生的案例并不罕见，他们往往是在看似完美育子方法下成长起来的。我曾经向此类孩子了解过他们对育子的相关看法。

在中高一贯校上学的励君把母亲做的便当扔掉了。每天，他都会偷偷把便当扔在学校的垃圾桶里。

每天凌晨两三点，母亲坐在励君旁边，看着他，让他认真学习。在初中阶段，他的学习成绩是年级第一，但是，到了高中阶段，学习成绩开始下降。为此，父母开始让他到学习塾补课。完全以学业为中心的高中生活对他而言充满压力。即使如此，表面上，他从未对母亲有过任何反抗。

扔掉母亲做的便当，是他反抗母亲的唯一手段。

尽管母亲完全没有察觉他的这一行为，但励君却因此而生病了。在学校里，他也曾经脸色发青，瘫倒在地上。不知从什么时候起，他就成为学校保健室的常客了。尽管如此，他央求班主任，"绝对不要让母亲知道这件事"。因为他害怕母亲更担心，并进一步干涉自己。就这样，他通过指定校推荐①的方式获得了一所有名的私立大学的入学资格。这是因为，他自己判断，自己目前的状态已经不适合参加入学考试了。而且，母亲从未注意到，励君的身体状况到了如此糟糕的地步。最终，他还是顺利地高中毕业了。

当与励君这样的孩子面谈的时候，"我的父母太严厉了"，他们往往说出这样的话。他们的父母不仅用严厉的口吻来说话，"他们的存在本身就给人一种压迫感"，他们对孩子施加了过度的干涉。

"妈妈为了你而努力，你也得努力！"从孩子的角度来看，母亲的

---

① 日本私立大学占高等教育总体的80%左右。私立大学的招生形式多样，指定校推荐是其中之一。指定校推荐的核心是，私立大学根据多种标准尤其是高中学校的历年高考升学成绩，指定一些高中学校可以推荐少数高中毕业生直接升入本校。目前，日本的一些国立大学和公立大学也开始采取指定校推荐的招生制度。总之，实行指定校推荐招生制度的不限于知名大学，几乎所有大学均采取这种形式进行招生。

这种助威声就是推着他们去战斗。父母"认为好"而不慎做错的事也许就是"助力推进"吧。

尽管孩子内心可能想对父母说"我不希望你们这样做",但是一旦反抗父母,事情就会变得更麻烦了,所以他们选择了沉默。这种想说而不敢说的畸形亲子关系,给孩子带来了巨大的压力。父母越努力,孩子反而变得越来越弱。

从我接触的众多亲子关系中,我深刻感受到,饭菜当然可以父母自己做,但是,使用预制菜或随便购来的食材也并无不可。只要亲子在共餐时感到快乐与满足,孩子就与摄食障碍无缘。

无法信任孩子的三个理由之二:虚荣心

有位母亲,她的小学五年级的儿子患上了失眠症,夜间只能勉强在凌晨1点至3点之间入睡。在辗转来到我的育子科学中心之前,他们到许多医院去看过,也就是所谓的逛医院(doctor shopping[①])。他们在所有的医院的经历十分相似。一般是,某医院的药物起初疗效明显,

---

① "Doctor shopping"指患者为了找到病因,频繁地更换医院和医生,并进行各种检查。Doctor shopping可能是由于患者对当前医生的诊断不满意,或者是希望通过不同的医生获得不同的治疗建议。但是,这可能导致患者无法得到连续和系统的医疗诊断和治疗服务,也可能会导致过度的检查和治疗,以及存在潜在的医疗风险,同时也可能导致本就紧缺的公共医疗资源的浪费。

但疗效却无法持久。然后，他们再换家医院，新的药物或许能暂时缓解她儿子的睡眠问题。

尽管她儿子能够熟睡了，但是，凌晨1点到3点之间睡着，早上9点起床，生活节奏一点没有变化，不登校的状态没有任何改变。

"既然已经能够熟睡了，那入睡的时间可以稍微往前提一提"，他们到我这儿来之后，我多次这样建议他们。

"首先，23点前必须上床睡觉。一旦养成这个习惯，一切会慢慢好起来的。相信我。请早睡早起试一试。"

我这样说后，母亲却回应道。

"医生，您可能看过很多病人，觉得这样的情况很常见。但是，我家的孩子是唯一的例外。因此，没办法这样做。"

母亲在辗转多个医院看病的过程中，学到了很多，因此，拥有了丰富的医学和科学知识。对我与育子科学中心的治疗方法，理论上能够理解，但是，当我说"请这样做做，试试看"时，她却把我的建议视作对她的否定。

"我家的孩子在家里经常有暴力行为。"

比如，有位母亲如是说道。"真人让头痛啊！在儿子发怒施暴之前，你都说了些什么？"我问母亲。我从母亲的回答中得知，她向儿子说了不合适的话。

"嗯，如此一来，你儿子就会认为你是在否定他啊"，说完之后，我又建议，试试换个说话方式吧，比如不说"为啥不做"，而是问"哪里不会做"。绝对不能用责备的口吻，而是用友好的、带着微笑的语气去发话、提问。

我仅仅就这样说了几句，父母立刻说，"我们想转院，请您开张介绍信"，父母一下子变得怒气冲冲的例子并不少见。想到其他医院去的病人，我自然无法拒绝，就立即说"知道了"，随即写了转院介绍信。

不愿意让别人说使自己感到心痛的事情，让心理之门紧闭，不想承认自己有什么过错，上述所有表现都是自尊心较强的高学历父母容易有的行为反应。对什么都担心，对自己的孩子当然担心，对周围的任何一个人也不相信。他们会一直在各个医院里穿梭，直到最终找到能够满足自己的虚荣心的医生为止。

在这些父母中间，也有拿着我的介绍信，跑过许多医院，几个月之后，再到我的育子科学中心来的。"虽然找其他医生看过了，但是，儿子说，无论如何，还是想请成田医生看"，母亲这样说。

有过度的虚荣心的个体往往会歧视他人。高学历、完美主义的父母想当然地认为，"我家孩子如果没有能够沿着自己经历过的人生道路走，那将会是不幸的。"我觉得，这样想的背后是歧视和偏见在作祟。

高学历的父亲往往会这样激励孩子："这样下去，学校就去不了了！哎呀，坚强起来！"但是，在这句话里，不是隐含着"无法到好学校去的孩子就是不行"这样的歧视观点吗？

在医生群体里，想让自己的孩子将来也成为医生的例子非常普遍。

有一对医生夫妇，他们家有三个孩子。老大和老二已经经常不登校或离家出走。因此，他们夫妻俩把"孩子成为医生"的梦想就全寄托在小儿子身上。他们让小儿子进入寄宿制的以考取大学医学部为目标的学习塾学习，如今，小儿子已经复读四年了。

上面的两个孩子已经处于大学无法毕业的糟糕状态。但是，夫妻俩从未反思自己的育子方式是否有问题。干涉、矛盾、溺爱的问题均存在着。父母一直无法信任孩子，家庭里亲子之间的平衡关系被破坏了。

无法信任孩子的三个理由之三：孤独

以上，我们详细分析了高学历父母无法信任孩子的两个理由：父母的完美主义和虚荣心。除此之外，第三个理由是"孤独""孤立"。与其他人相比，高学历父母加倍在意体面，因此，不愿意向他人显露自己的弱点。这样一来，他们无法向周围之人咨询，就非常容易变得孤独。相应地，他们就得不到获得新信息和学习的机会。

另外，高学历父母之中，从事高度专门化职业的人很多，比如，医生、律师、研究者、新闻媒体人士、金融从业人员、公务员、教育工作者、IT从业者等，所有这些都是专家。

从"同伴支持"即互相理解和共情对方的痛苦以及互相支持这个角度来说，这些职业环境往往难以形成紧密的同伴关系。作为育子伙伴的"妈妈友"似乎很容易形成，但是，当妈妈是高学历时，在职场，同样在育子的个体之间，能够互诉苦恼、共情和交换育子信息的伙伴关系也很难形成。

实际上，问一问到我这儿来咨询的高学历母亲就可以知道，她们确实没有"妈妈友"。尽管育子在一定程度上需要同伴支持，但是，高学历父母的同伴支持却不存在。

回首我自己的育子经历，孤独确实如影随形。不过，幸运的是，我发现了一个专门为帮助职业妈妈而设立的网站"麦田"，妈妈们匿名在上面交换信息，我也经常利用这个网站。我个人觉得，在2000年前后，在养育孩子的同时还参加工作的母亲中，受益于"麦田"的人应该很多。在某种意义上，对于孤独的高学历母亲而言，"麦田"发挥了同伴支持的功能。

相比之下，父亲们所能获得的同伴支持则寥寥无几。职场仅仅是工作场所，缺乏就孩子话题进行交流的环境氛围。而且，男性原本就不善于向外界诉说自己的事情。另外，由于不想向外界展现自己的弱点，他们也无法向周围的人咨询。这进一步导致他们无法获得新的信息。这样，他们在育子过程中就容易陷入干涉、矛盾、溺爱等风险中，而且从未改变过。

在疫情的特殊时期里，男性的孤独倾向变得尤为明显。

有位女士说，丈夫对"疫情时期的自我管理的生活终于忍受不了了"，傍晚时分，出去喝酒去了。他去了一位朋友经营的附近的小店，说是要去帮助别人，支持别人（渡过经营难关），一直喝到夜里两三点才回家。女士为此烦恼不已。"这段时期，因为要求自我管控，饮食店一般都缩短了营业时间。对此，丈夫非常恼怒。夜里，他即使早早上床睡觉，睡眠也逐渐变得浅了，心情逐渐变得低落，人也变得非常凶。"

我对她说："你把你很辛苦的情况向丈夫挑明一下，怎么样？""这样的事情，我说不出口。"女士摇摇头。为何夫妇间毫无交流的现象会出现？我感到吃惊。当然，在疫情时期之前，二人的夫妻关系就已经变得很脆弱了。"丈夫说过，对于自己喜欢喝酒这件事，不想被任何人说三道四。因此，关于这件事，我一句话也不说。丈夫如果说吃饭，我就把饭菜摆上桌，对于丈夫出门这件事，我也坚持什么话也不说。"这位女士说。

对于滴酒不沾的妻子而言，看到（酒）是一件烦心事，因此，她无法接受丈夫在家里喝酒。正因为此，在疫情期间里，丈夫总是不在家，去不同的酒馆里喝酒。其实，双方互相各让一步就好了，但双方就是各不相让，关系异常紧张。虽然仍然是完整家庭，但是夫妻双方已经"断绝"关系，各自生活着。人类最能放松的地方应该是家庭，可是，在这个家庭里，人际关系反而更为紧张。

大家好不容易才组成一个家庭，共同生活，在疫情时期，家庭成员本应该齐心协力，共同度过这段艰难困苦的时光。但是，在这个家庭里，却看不到这样的家庭成员之间的联结感。虽然没有必要强行维系家庭关系，但这样的疏离状态可能会导致家庭的残缺。尽管身在家庭里，但仍然是孤独一人。

我也曾是未得到父母信任的孩子

某年的梅雨季节，我与朋友在交流雨伞的事情。

"我喜欢的雨伞弄丢了。一把伞总共还没有用到一年半，第一次一把伞使用这么长时间。有两三回差点就丢在电车上了。一直使用的一把雨伞，有点遗憾啊！"

听了我的话，朋友也回了一句。

"我啊。一生中丢掉的雨伞只有两把。一把上印有水色的水珠，一把是红色的。"

朋友的话让我大吃一惊。啊？只有两把？她和我同年生，活了10多年了，仅仅丢过两把伞？

我稍微估算一下，我至少丢过50把。不对，也可能是100把以上。她听到我的话不免愕然失色。我人生中仅仅雨伞的费用就是她的50倍以上……

在此之前，我就是个什么都能弄丢的孩子，雨伞当然不在话下了。教科书、笔记本、文具（特别是橡皮擦）等，几乎每天所带的东西都会找不到。这时候，婚前曾是心理咨询师的母亲就会狠狠地批评我。很平常的事情也完全做不好的我会让母亲不耐烦和恼怒。在学校的考试中，即使考到100分，"学习真努力啊"等表扬的话，我也从未听到过。

至此为止，一直描绘的是不为父母信任而心理痛苦的孩子的样子。我曾经是一个"不被父母信任"的孩子。

小学三年级时，我转学了。从我家到新学校要经过很陡的一个斜坡。每天早上，我徒步去学校。下午，我乘公共汽车回来。每天早上，母亲给我一枚公共汽车回数票[①]，以供下午乘公共汽车回来时使用。因为没有朋友同路，我每天都是一个人上下学。

有一天，我紧紧握着回数票，走向公共汽车停靠站。但是，到了公共汽车停靠站，我却看到手心空空，回数票不见了。这时，我非常惊慌，就在从学校到公共汽车停靠站的这段路上，边走边找，但是，却没有找到。"哎呀，怎么办啊？回不去了。"我哭丧着脸，战战兢兢地走进公共汽车停靠站旁边的糖果店里。

尽管刚从东北地区转学到关西地区，但我拼命把自己目前所处的困境告诉糖果店里的主人。糖果店的老奶奶耐心地听完我的诉说，"这太不幸了，你稍等啊"，老奶奶把几枚小硬币放到我的小手里。"孩子，用这个钱，乘车回家吧。明天，再把车票钱还给我，好吗？"我从心底被深深感动了。我不是那种特别爽快的孩子，也不确定当时是否说谢谢了。总而言之，我以一种很久没有过的愉悦心情，乘上公共汽车，安全地到家了。

---

① 回数票即一次购买但可供数回使用的多张车（船、飞机等交通工具）票。购买回数票会有赠票，比如买十送一等，这对长期乘坐固定区间的乘客比较有利。

回到家，我非常高兴，鼓足勇气，想把事情的经过讲给母亲听。我是平素不怎么会笑的孩子，当时，也许是非常兴奋，满面笑容。

可是，令人难以置信的是，我得到的竟然是母亲的一顿训斥。

"为啥要那样做呢？向人借钱不是一件很耻辱的事吗？每天早上步行下坡去学校，下午只要沿原路上坡不就回来了吗？"

"是啊，确实如此！"我想。但是，小学三年级的学生却没有能够想到这一点，仅仅是想当然地认为，早上徒步去学校，下午乘公共汽车回家。

"母亲的理由非常正确，也许是因为非常担心，她才发怒吧。不过，她如果能对在糖果店借钱回家的女儿多一些信任，应该会好一些吧。"我遗憾地这样想。

母亲当时的言语至今仍深深"插刺"在我的心尖上。说出这件事，我的出发点是想强调"不要过分向孩子传达正确的道理"。当时，我真的希望母亲能像下面这样对我说。

"真厉害！有勇气！能向别人求助了。遇到好心人，真好！非常感谢那位借给你车费的老奶奶，明天我们一起去谢谢她吧。"

"我的人生真不顺利，充满辛酸啊！"自从我懂事起，我心里就一直有这样的感受。

在小学三年级弄丢回数票之前，我现在能记起的最初的人生失败是5岁左右的事情。那时候，在祖父母居住的福岛县磐城市，我和小我两岁的妹妹两个人曾经迷路了两个小时左右。向哪个方向走，才能回家，我完全不知道。被周围田地围着，我在田地的中央站着，头脑中一片空白。

因为不安和孤独，在快要被恐怖压垮的感觉之中，我拼命牵着妹妹往前走，竟然奇迹般地走回到了祖父母的家。对大哭着跳进玄关的我，母亲冷眼看着说："不是傻瓜吗？如此简单的道路竟然迷路了？"

母亲把妹妹抱起来，走进屋里，我一个人被留在了玄关处。时至今日，我也清晰地记得当时的情形。当时，我第一次体味到生而为人的残酷。

从此开始，我又经历了许多人生的失败。正是因为有了这么多的人生失败，我才得以成长，我要感谢这些痛苦的经历。但是，我并不想让自己的女儿和自己诊治的孩子们经历我所经历的失败与痛苦。

被"是我是我"诈骗① 所欺骗的亲子的特征

《转账诈骗（'是我是我'诈骗）的现状特征及预防策略》是一个电视节目的专辑。我和大学生女儿正一起观看。尽管警察在尽力打击

---

① "是我是我"诈骗即中文所谓的电话（电信）诈骗。骗子冒充家人（主要是子女）给独居老人（主要是但不限于）打电话，谎称自己出事了，急需钱来摆脱困境。由此，老人们经常惊慌失措地按照骗子的指示，将钱转账过去。骗子经常在电话的开头急促地说"オレ、オレ"。"オレ、オレ"直接翻译为中文是"俺，俺"，相当于我们中国人打电话时常说的"是我，是我"，故得此名。如下文所述，在日本，根据官方统计，此类诈骗的涉案金额巨大。总之，电话诈骗已经成为日本社会问题之一。

这类诈骗犯罪，但是，最近，骗子实施诈骗的手法更为巧妙。因为骗子是收集到详细的个人信息之后才打电话过来的，所以，一不小心就会被骗。节目由曾经被骗的受害者亲自出演。面对节目中的情节再现，我和女儿两人惊得面面相觑。

一位自称儿子的男士打电话给一位老太太。最初，只是聊一些杂事，然后他就把电话给挂了。第二次打电话，他就向老太太要钱了。

"是我啊！在工作中，给客户造成经济损失了。如果今天之内不把80万日元填补上，事情就会变得非常糟糕。"

老太太听到这话后，一点儿也没有怀疑，随即把80万日元转账到自称是儿子的指定账户中去了。

"当时的心情？"

面对节目组人员的询问，老太太和丈夫异口同声地说道："成为支行副行长之前，儿子拼命努力。如果因为这件事而失去支行副行长的位置，多可怜啊！当时这样想的，当时心里就想着这个方面，其他方面全没考虑到。"

如果是银行的支行副行长，那应该是超过40岁了。面对如此优秀且已长大成人的儿子，"工作出差错了，可怜啊！"这样想着，一下子就转过去80万日元，多么不可思议！

女儿立即叫道："呀呀，不可能！"

"儿子自己的过错，为什么打电话向父母要钱？这样的事情，换了我也不可能。即使我给父母打电话，母亲可能也只是说'因此就……'，然后挂断电话。"

确实如此。如果有人冒充我女儿，打给我同样的电话，我一定会这样说："哎呀，那确实是大麻烦啊！不能成为副行长了？本来，对你梦想成为副行长这件事儿，我就感到吃惊。我家的孩子，怎会受到这样的价值观的教育……怎么说呢，你这也太厉害了吧！"

估计骗子听了这话，也会不知所措，随即就挂断电话吧。

顺便说一句，在欧美，很少听说过有电话诈骗这种犯罪行为发生。据我所知，这种通过利用父母对孩子的感情而行骗的犯罪行为好像主要发生在日本、韩国和中国等东亚国家。根据警察厅的统计，仅在2020年，日本就发生了6 407起冒充儿子要求转账的诈骗案件，总金额高达126亿1 000万日元，这是一个令人恐惧的天文数字。

我个人觉得，这种犯罪之所以能够横行，缘于日本式亲子的相互依存关系。通过这种犯罪行为可以看到，父母因为"子女可怜"或"自己担心"，就形成了所有的事情都想帮助子女去做的亲子关系，而这种亲子关系让我们容易成为转账诈骗受害者。

在我运营的育子科学中心里，提倡"全力相信孩子"才是育子的最终目标。孩子的行为中蕴藏着风险，如果忽视这种风险就会犯错误。但是，即使看到了这种风险，如果与生命危险无关涉，父母就必须"信赖孩子，耐心等待，在一边仔细观看着"。从父母的"孩子真可怜啊"和"我这样做是为孩子好啊"的感情中无法生出良好的育子效果。

冒充女儿的"是我是我"[①]诈骗较少的理由

不过，尽管转账诈骗别名"是我是我"诈骗，但是，受害者多是男孩子的家长，很少听说过冒充女儿的"是我是我"诈骗。

母亲在养育女儿时，对女儿也溺爱、干涉，也会有很多言行矛盾的时候。但是，当女儿长大成人之后，亲子之间的相互依存关系就渐渐变弱。这时候，对女儿并无过度保护。

我觉得，与女儿相比，父母与儿子之间更容易陷入相互依存的关系。父母对儿子，不管到什么时候，也一直过度保护，过度干涉。与其他国家相比，在日本，母亲对儿子的溺爱是人们容易遭遇转账诈骗的最根本的原因。

有儿子的母亲更容易遇到转账诈骗的另一个主要原因是，母子之间的性别差异。这个周末，到哪儿去游玩？现在，为什么在烦恼？母亲与女儿之间，经常进行诸如此类的信息交流。但是，男孩子却不做类似的事情。这样一来，对于母亲来说，可能觉得儿子过度神秘，当突然之间接到儿子的电话，就会变得异常高兴了。因此，当对方用充

---

① 在日语的日常口语中，男性与女性的指称用词有明显区别。比如，男性说"我"较多使用"俺"（オレ），女性说"我"较多使用"私"（ワタシ）。相应地，冒充男性子女的诈骗为"オレオレ詐欺"，冒充女性子女的诈骗为"ワタシワタシ詐欺"。但是，翻译为中文，两者都一样，均为"是我是我"诈骗。

满痛苦的声音说"救救我"时，母亲往往心急如焚，毫不犹豫地转账巨额资金以解"燃眉之急"。

我在育子科学中心遇到的门诊病人中，有很多来自高学历家庭。从这些家庭中我们可以看到，随着孩子年龄变化，上述"性别差异"现象非常明显。

女孩子进入初中时期，有时候会反抗母亲，甚至偶尔还会展现出暴力等攻击性倾向。但是，随着女孩子逐渐成年，她们的攻击性明显减弱，取而代之的主要是、宅、精神不安定、抑郁等症状。20多岁的女孩子很少会对父母使用暴力。

另一方面，与女孩子明显不同，到了初中阶段，对母亲，男孩子更多地表现为依存和顺从。这时候，男孩子非常黏母亲，宛如母亲的"小跟班"。夜里，因为害怕而钻进母亲的被窝里，拉着母亲的手睡觉的男孩子也不少见。

但是，当他们步入20多岁，情形大变，尤其是变成宅男后，对母亲可能会有暴力倾向。他们常常会让母亲哭泣不止："过去是那么好的孩子啊，现在却这副熊样……"

与孩子的性别差异无关，存在育子问题的家庭的共同点是，父亲的角色往往缺失。

在转账诈骗事件中，当然加害者非常可恶，而且，受害者也不全是担心子女的父母们。但是，为什么为了已经成人的40多岁或50多岁的孩子，父母仍能轻易转账巨款？这背后，映射出的是对已经成年的儿子继续庇护的母亲的形象。

早上，母亲做好早餐，把20岁的儿子喊起床。她们牺牲睡眠时间，全天拼命工作，而儿子却是无所事事的宅男，终日沉迷于网络游戏。即便如此，父母也视之若常，做好很多饭菜，放在冰箱里，叮嘱儿子早起后自行食用，便匆匆离家工作去了。

"我每天都很忙，你却什么事也不干。而且，我相信，你完全有能力自己做饭。今后，我不再做饭了。我把钱给你，你到超市去买东西。如果有可能，把妈妈的饭菜也做了吧。我早上6点半必须吃饭才能准时去上班。因此，在此之前，请把早饭做好。"为什么父母不能如此向儿子说？对此，我感到有些不可思议。

之所以这样想，是因为，实际上，在我女儿高中复读的时候，我就这样对女儿说过。高中毕业后，女儿无处可去，每天在家里。既然如此，我立即提议，女儿必须分担家务责任了。

女儿答应了。她参考料理（cookpad）网上的菜单，每天给我们做很多菜品。每天我回家都感到很快乐。早上一坐到饭桌旁，就看到热乎乎的早饭在等着我。

当然，作为母亲，心里也有矛盾的地方。

"如此这般让她做家务，明年再考不上大学，该怎么办？"如果说我心里没有这样的不安感，那就是在说谎了。尽管如此，我是否提前向女儿挑明自己的担心，然后作出如下决定："如果让你做家务，明年可能就考不上大学了。不管怎么说，还是学习为重，努力学习去吧！"

然而，我深知一旦被父母贴上"可怜孩子"的标签，她是不会努力做事的。我更担心女儿变成"作为最亲近存在的父母不信任的可怜孩子"。

好的压力与坏的压力

"育子就是把对孩子的担心变成信任。"

在演讲和研讨课上，我一直这样说。

尽管如此，"促使人向好的方向变化的良药是'不安'"这一传统观念根深蒂固。他们的思维逻辑如下。

"内心缺乏不安感的人，不可能变化。"

"因为现在的自己不行，所以必须改变了。有了上面这样的不安感，从中才会涌出改变的能量来。"

我认为，这些不安属于"压力"。大人相信，只要向孩子施加压力，孩子就会成长、发展。尤其是，对孩子成长抱有更高目标的高学历父母更容易向孩子施加更强的压力。对于孩子的成长来说，压力真的是个好东西吗？或者，压力是个坏东西？

实际上，压力犹如胆固醇与肠内细菌，既是好东西，也是坏东西。

当我们面临压力时，体内会分泌出被称作压力荷尔蒙的皮质醇，让血管收缩，血压上升，合成葡萄糖，提升血糖值，以应对压力的增加，这是我们人类身体的重要防御机制。但是，如果长期承受压力，就对身心带来各式各样的负面影响。

当别人对我们发出怒吼："这样的东西，不行！"我们往往会陷入自我怀疑和否定中。"为什么我想不出好主意？自己是真的无能啊！"或者，"我不适合这个工作"等想法就会盘旋在脑海里了。如此这般，就会让我们的身心状态变坏。这时候，压力就是坏的压力了。可以说，自我肯定感较弱的人更容易陷入这种困境之中。

与此相对，分泌肾上腺激素，激起行动勇气的好的压力也存在着。这不是来自他人的压力，而是"自己施加给自己的压力"。比如，我正在撰写某篇论文。

"这个文章太糟糕了，必须另外增加一些说服力。看来，不多下功夫是不行了。"如此考虑之时，大量的肾上腺素分泌出来，就能够让我们集中精力。这是好的压力产生的结果。在体育运动中，经常所说的"适度紧张感"就是这类好的压力。

为了让好的压力能够有效发挥作用，人的心理必须处于健康状态。人在熟睡之后醒来，身处一个良好的环境中进行思维活动，此时，让人积极向前的前额叶的功能就发挥出来了，人就能进行推理思考了。在此过程中，人就能感受到从不安中生出的轻微压力，它不仅激活了大脑，也调动了身体的其他部位。总之，身心如果处于良好状态，压力就更容易成为好的压力。

人心即"脑"。因此，必须有意识地创造良好的利于大脑活动的环境。如果能够这样做，那么自律神经也会明确形成，身体的状态也会变好。大脑的状态是健康还是不健康，这一点是区分压力的好与坏的关键。

不再动笔绘画的天才儿童

幼儿在画画时，他们常以独特的感性选择色彩，比如用黑色蜡笔去涂鸦，或想把太阳涂成青色，这些创意展现了他们丰富而有趣的内心世界。可是，有位母亲却不认可儿童的这类感性，到我的中心来咨询，说"我家孩子的状态有点不对劲"。当看到5岁的麻衣用非传统的颜色画画时，她母亲会立即制止。

对此，我说："仔细考虑一下啊！太阳究竟是什么颜色，我们不是也不知道吗？实际上，孩子也不知道太阳是什么颜色啊！"母亲不认同我的观点。女儿把苹果涂成青绿色或把树木涂成黑色时，母亲认为"这不正确"。因此，母亲要求女儿重新画。母亲没有具体往下说，女儿实际上应该是重新画了吧。

是不是受到这些事的影响了呢？某天开始，麻衣再也不画画了。

其后，在麻衣7岁开始上小学时，她参加了育子科学中心举办的儿童活动日。这个活动的特色是，孩子与父母分开，孩子单独进行娱乐活动。活动的具体内容是，把糨糊和颜料掺合起来，在画布上画出油画风格的图画来。

活动开始后，其他小朋友都兴奋地投入创作，而麻衣却一动不动，根本没有开始画画的意思。工作人员多次鼓励她开始，直到说，"今天，妈妈不到这儿来"，她才最终拿起画笔。

她开始画画了，而且画的画非常棒！不仅工作人员，连其他小朋友也聚过来看。那是非常具有动感的抽象画，根本想不到这是小学一年级学生画出来的。其他的小朋友，如果是男孩子，画的多是恐龙和小汽车；如果是女孩子，则画的多是朋友、家族和花田。但是，麻衣的画却很抽象，具有一种穿透力。

"不得了啦，天才啊！"就连我也不由得兴奋起来。那天，也许她感到高兴吧，在新的画布上画得满满的。

实际上，麻衣在学校里曾表现出不适应，如未经老师许可便发言。尽管这种行为并不多，但是老师向家长告状过多，对此感到厌烦的母亲就一直试图干预这种行为。因此，麻衣一直有较高的不安感。一旦被母亲斥责，她就会尖叫，往往要哭30分钟以上。

绘画结束之后，我和母亲就各方面谈了很多。后来，母亲让麻衣转学到相对能够自由学习、自由发展的私立学校去。在那里，老师给了她充分的空间，让她自由发展。母亲也停止了对她的一切管制和压迫。转校之前，麻衣丢三落四的情况很多，母亲对此进行介入和干涉。但是，现在，等这些干涉全部消失之后，麻衣反而明显地进步了。

这是因为她感受到了来自父母的信任了吗？她变得非常主动地去做一切事情，在学校里也没有出现过任何有问题的行为了。在学习上，她也能够自觉了，再也没有出现过不交家庭作业的问题。

据说，这个私立学校的每个学科都根据能力分班。后来，麻衣非常自豪地告诉我们，"我的几何和代数是在最好的班级里，另外，我的理科也是在最好的班级哦"。

对此，母亲也感到不可置信。

"在学校一年级时，我那么唠唠叨叨地教育她，可她啥也不会做。现在，我什么也不说，她却如此能干，我都感到吃惊了。"

在教育实践中，为了让孩子提升成绩，人们常常认为"让孩子具有危机感最重要"。这种说法有其合理性。但是，根据我们的理论，我们认为，要等到孩子长到10岁以后，这种方法才能够发挥作用。而且，这样的危机感只对前额叶的功能能够有效发挥、脑的生理基础已经形成的孩子有作用。

而过度担心、无法信任孩子的高学历父母之中的有些人，有时候在孩子的脑的生理基础没有形成的前提下，一味向他们施加压力。

在我接触到的父母群体里，有凌晨两点还坐在学习桌旁监视子女学习的家长。这不仅剥夺了孩子的正常睡眠，而且还带给子女危机感，这其实是一种坏的压力。

与此相对，下面就是好的压力发挥作用的例子。

有位不登校的高中生，一直到育子科学中心来诊治。就在生活节奏慢慢变好的过程中，高中生告诉母亲："我想再休学一年。"这时候，母亲面露笑容，说："哦，这是你深思熟虑后的决定吗？真了不起！"听了母亲的话，女儿瞬间安心了。她说："不过，我还是想和大家一道学习，还是去学校吧，也想做一做零工。"她自己开始寻找做零工的机会了。

"她竟然自己去应聘面试，我非常吃惊。她以前总说讨厌与生人打交道"，母亲对此感到非常吃惊。得到母亲的认可这件事，使女儿认为"这样下去不行"，从而成为自我施压的契机。母亲这样做，成功地引导了压力向积极方向转化，让好压力的作用得到发挥。

从被母亲认可这件事得到的力量之大，远远超过我们的想象。如果父母缺少了对子女的信任，"对儿童的现实如实地认可"这样的行为就不可能出现。

父母如果信任子女，好的压力和主体性的力量就会促进他们的成长。

第三章

心灵容易受伤的
高学历父母

为自己母亲幽灵所困的高学历父母

"要睡到什么时候啊？快点起床！你啊，今天不到学校去吗？"

被母亲叫醒，由纪女士从床上一跃而起。这样的事情经常发生。在夜里，由纪女士上床睡觉后，迷迷糊糊地，被发怒的母亲从睡梦中叫醒。

由纪女士是大学教师，因为她的女儿不登校，她来我的育子科学中心咨询。在我的建议下，她对在私立初中上学的女儿的生活节奏进行了稍加调整，并努力克制自己对女儿的过度干涉。女儿的状况逐渐明显地改善，重新开始正常上学了。

女儿变得健康了，但是，由纪女士的脸色却依旧灰暗。我注意到这个情形后，便向纪询问缘由。据她说，原来，有时候，六年前逝去的母亲的声音会突然在她耳边回响，惊得她从床上一跃而起。我问她，她母亲是个什么样的人。"私塾的老师，是典型的教育妈妈。"由纪女士开始讲起自己母亲的事情来，她母亲也是高学历，母亲与父亲，都是在大型预备学校工作的私塾老师。

由纪女士进入初中时，升学考试失败了。升入公立初中后，她立即被母亲要求课余时间到私塾学习。小测验的分数和学校成绩不太好时，作为惩罚，母亲就不让她吃晚饭。甚至她结交朋友和男女交际也会被母亲数落。

"这不是私塾老师的孩子应该有的分数吧。"

"一点也不努力，正因为这样，你这个人不行啊。"

就这样一直被母亲否定着，由纪女士逐渐长大。

"绝不想成为母亲那样的母亲。但是，结果却是，仍然让女儿参加了初中升学考试。每当女儿做事情失败或者进展不顺利时，她仿佛就能听到母亲的声音，'正因为这样，你这个人不行啊'"。

这就是精神创伤（trauma）。当心灵受伤而迟迟没有痊愈时，就容易产生这样的症状。

在由纪女士的女儿小时候，她的母亲仍然健在。由纪女士的母亲曾经用非常强硬的口气评价她的女儿，"这孩子有点像你，动作太慢了。如果不稍微打打屁股，事情就会变得非常糟糕"。由纪女士在心中痛骂道："非常糟糕的事情是什么事情？这句话毫无道理！"但是，实际上由纪女士却从未明确反抗过母亲。她唯一一次明确反抗母亲是在考大学时选择了自己喜欢的环境保护专业，而非母亲推荐的教育系。

"当时，我被母亲狠狠地痛骂了。在我的记忆中，从未被母亲表扬。现在，我觉得，自己仍然被母亲的亡灵所缠绕着。"

由纪女士生下女儿之后，与丈夫离婚了。当时，尽管她不喜欢母亲的所作所为，但还是投靠并寄身于娘家了。

"母亲也曾说过：'回娘家过一段时间怎么样？你自己还带着一个小孩子呢。'因为父亲很早就去世了，母亲一个人过，也挺孤单的，我想……"

尽管与母亲一起过，只能给自己带来伤害，但是由纪女士最终未能拒绝母亲。就这样，亲子之间的矛盾直到成人之后仍然存在着。而且，双方的矛盾远远超过预想。为此，由纪女士患上了抑郁症，也有过因此卧床不起的时候。母亲也对照顾外孙女的事情叫苦不迭。由纪女士趁着到另一所大学工作的契机，逃离了娘家。

在由纪女士离开娘家后不久，母亲突然得急病身亡。

现在使由纪女士痛苦的是，母亲说的"你是一个无能的孩子啊"这句话仍然时在耳边回响。来自父母的影响，不管它是好还是坏，可能一生中会一直存在吧。虽然由纪女士自己会这样想："不，没有那回事。我自己已经得到了社会的承认，我女儿也已经恢复了正常。我一点问题也没有。"但是，面对突然袭来的幻听和被母亲怒吼而致的心灵伤害，她无法应付。

也许，在母亲去世时，由纪女士未能在身边照顾她的愧疚感，导致她做噩梦。不过，由纪女士的当务之急是，首先需要改善睡眠质量。

高学历偏重型父母的"复仇型育子"

也有人把育子视作对自己不甚满意的人生的复仇，他们希望子女获得比自己更高的学历、更好的人生，因而对子女干涉、溺爱。父母把孩子的人生视作自己的人生价值之所在。总之，这就是对子女的过度依存，这是我最不想陷入进去的亲子关系的模式。

想复仇的父母因为急于培养孩子成才，往往让孩子在较幼小的时期就进入私塾学习，具有注重早期教育[①]的育子倾向。而他们的终极目标往往简单归结为让孩子"考上一流大学"。在这样的高压之下，孩子一般也非常努力，常常能够实现这个目标。但是，此后，孩子的学习兴趣也许会断崖式下降，要么不愿去上大学，要么大学毕业后身心俱疲。在子女成人之后，父母才突然间发现，自己的育子方法是多么地糟糕——这样的例子并不鲜见！

爱子女士在女儿三岁时，就让她进入体操训练班学习。进入小学之后，爱子女士让女儿每周无休地练习体操。另外，她还为女儿安排了英语会话、钢琴课等，每周共有9节培训课。也许得益于培训课，不仅体操，只要是体育项目，女儿都能做得很好。

---

① 在本书中，作者使用的"早期教育"一词，与我国所谓的早期教育有所不同，其含义较为狭窄，专指各种以知识能力增长为目标的系统培训或教育，即"聪明之脑"培育。

"在器械体操项目上，参加奥运会。"

爱子女士对女儿竟提出了如此的训练目标。女儿顺利通过中高一贯校的考试后，爱子为女儿设定了更具体的目标："在体操领域，争取参加奥运会。在学术上，高考考上国立大学医学部。"

不过，神童的神力很容易局限于孩提时代。进入中高一贯校的高等部之后，在根据学力水平划分班级时，女儿被分至学力水平较低的班级里。从那时之后，女儿的体操训练也似乎遇到了瓶颈。仅仅盯着可见结果的爱子女士与女儿的关系可想而知，非常糟糕。

最终的结果是，女儿停止了体操训练，出现了暴饮暴食和不良行为，反复地不登校和离家出走。爱子女士感到自己已经无法收拾了，就把女儿交给了远方的外婆照顾。

无法到高中上学的女儿转学到函授学校①学习。其后，进入母亲和祖母为她选择的PT（理学疗法师）学科学习，但仅坚持了半年便退学。后来，她女儿好像与某男子过起同居生活了，但是，他们的住址却坚决不告诉家里的任何人。

现在，爱子女士的家庭已经变得支离破碎。爱子女士和丈夫也离家出走了，曾经温馨的老宅已经形同废墟。在孩子成人之后，过去育

---

① 尽管在义务教育阶段之后，日本的各级各类教育均非常发达，尤其是高中教育实际上已经普及化，但是，在义务后教育阶段，传统的各层次的函授教育这一教育形式却一直顽强地存在着。这种制度设计显示出高度的人性化，有利于有特殊需求的极少数学生的个别化学习。

子的内在的糟糕性开始表面化，发展成为家庭整体的问题。这是最典型的例子之一。

　　实际上，爱子女士在高中毕业时，也曾以考入医学部为升学目标，但是，最终未能实现这个梦想。当时的挫折感似乎积郁下来，转化为心理创伤。后来，爱子女士进入了一所著名的女子大学的其他学部学习，大学毕业不久，她即和当医生的丈夫结婚了。

　　在医生的家庭里，往往存在着这样一种情结，那就是，我们的孩子将来也必须成为医生。与医生丈夫结婚的爱子女士也许想通过把自己的孩子培养成为医生，来治疗自己成长过程中的心理创伤吧。这正是典型的复仇型育子的案例。

"复仇型"教育终燃为灰烬

　　有一对夫妻均是东京大学法学部的毕业生，丈夫现在是律师，他们的儿子也以成为律师为学习目标。儿子从小学起就自主学习。高中时期，他远赴海外留学，提升了英语能力。本来，如果去留学就会迟一年毕业，但是他通过刻苦学习，取得了足够的学分①，没有留级，高中按时毕业了。

　　虽然东京大学是他的升学首选，但是高考分数稍微差一点，只好

――――――――――

①　现在，日本的普通高中也多采取学分制。

到其他大学读书。他立志在大学期间通过司法考试，于是进入考试预备学校，开始强化学习。

这样的育子的负面影响在本科三年级初现端倪。在这一年里，儿子切断了与周围世界的一切联系。虽然他也顺利就业了，但是工作单位仅是一个普通的企业。儿子没有能够成为律师，这是因为，在经历了反复强化学习之后，他所有的一切能量全都消耗完了。

母亲无法接受儿子放弃律师资格考试，把儿子从家里赶了出来。与此相比，小时候，母亲对儿子却是百般溺爱。直到高中毕业为止，每天儿子上下学都由母亲接送。儿子从未有过与朋友一起游玩的经历，二人实实在在是互相依存的亲子关系。

不过，儿子一方注意到了"自己被作为父母的代言人"和父母的复仇型育子，因此，从未有过"一切都是来源于妈妈的贡献"的感恩的念头。当突然之间被母亲赶了出来，他好像一下子就被沮丧、憎恨等负面情绪所包围了。

父母一方也有变化，对于未能达成自己期望的儿子，简简单单就弃之不顾了，甚至会恶语相向。这是因为，复仇型育子的父母对孩子倾注感情是有条件的。孩子是自己的所有物，因为是物品，所以当判断自己不再需要这个物品的时候，扔掉也可以。难道复仇型育子的父母不就是这样的吗？

父母其实就是通过对孩子弃之不顾来保全自己。他们不认为自己在育子过程中有任何错误，这是因为，与自己的失败面对面是非常痛苦之事。于是，他们拼命捍卫自己育子行为的"善"，这也可以说是高学历父母群体的心灵创伤。

当然，这并不是说，所有复仇型育子的高学历父母均如此。在有些家庭里，高学历父母与孩子之间相处也比较和谐。在一段时间内，有些父母与子女之间相处得不那么好，但是经过调整之后又回到正常状态。但是，就我个人的所见所闻而言，复仇型育子的父母大都早晚会受到来自受抑压子女的回旋镖的痛击，而自己对此却束手无策。

"我自己并不想参加升学考试"，多年后，孩子可能会这样坦言。或者，当父母逼着孩子去练习某种体育活动或培训项目时，"真的一点乐趣都没有"，这样的心声，或许正是孩子心灵受创的真实写照。

金钱感错位的高学历父母

在美国有一种社会习惯，那就是，在孩子生日之时，祖父母等亲戚会买股票作为礼物送给孩子。因此，对孩子而言，投资就是身边之事。这样一来，孩子就会通过自己的力量来增加所拥有的金钱的数量，从而在人生的很早时期就接受了经济方面的教育。由于通过上述方法培养了金钱观念，想进入大学学习的高中生就会自己去寻找奖学金，为了获取奖学金而拼命学习，以取得奖学金申请所要求的相应成绩。

与此相比，在日本，"我们想要钱的时候，就从父母那儿拿"，"至于上大学，父母这样说，到大学去，我们就去大学读书，但是，其实我们并不是特别想到大学去读书"，等等，孩子们常常很平静地对我这样说。私塾的学费和培训课的培训费等，父母每月都要拿出数万日元。对此，孩子们则完全没有一点金钱概念。孩子们根本不会思考一次培训课背后的劳动价值，所以有时候会随意决定说，"今天不想去了，在家休息"，他们感受不到父母的辛劳。

事情最终会变成这样，这是因为，父母没有告诉孩子金钱获取的困难即"金钱的价值"。父母之所以不愿这样做，是因为这样做比较麻烦。既然如此，那么，父母为何还要期待孩子能够进入好的大学学习，然后进入好的公司工作，然后获得好的收入回报？

这体现出，高学历父母在子女教育上的一个极大的扭曲。尽管育子必须让孩子理解金钱的价值，但是，在高学历家庭中，却存在着父母不进行经济教育的明显倾向。这是因为，父母是高收入阶层，在金钱方面，相对比较宽裕。

高学历父母常常说出的是以下的言辞。

"自己得到的恩惠，也要让子女得到。"

"父母让自己进私塾学习，并让自己进入私立的中高大①读书，自

---

① 中高大即私立的初中、高中和大学（本科）。在日本，私立大学附设高中和初中，甚至小学和幼儿园的情况较为普遍。大学越是有名越可能如此。比如，私立早稻田大学就是如此。进入其附设的初中，自然只要成绩尚可就可能直接升入高中，同样如此也可能升入大学。

己也要让自己的子女有这样的人生经历。"

家长自己拥有了良好的人生体验，因此，也想让子女拥有同样的人生体验。但是，也有另外一类家长，他们通过自己不懈的努力，才最终取得了如今的学历和财富。在这类家长中，有一部分家长曾经拥有贫苦生活的经历，这些早年经历无疑给他们造成了某种心灵创伤。他们往往会这样说。

"不想让孩子们再受苦受累了。"

"不想让孩子为了金钱而疲于奔命了。"

但是，不管是前一类家长还是后一类家长，他们都很舍得花钱让子女上私塾。不接受经济教育就会获得人生成功的孩子也许会有吧。但是，到我这儿来的亲子们，很明显都遇到了挫折。父母把大量金钱投到子女身上，结果却适得其反。

金钱是喷涌而出的东西——孩子也许很容易这样想。但是，父母对此的戒备严重不足。

具体而言，很多家庭都没有实行给小孩子固定零花钱的家庭制度。孩子说，想买什么，这东西必需，母亲没有仔细检查，就把钱给孩子了。比如，当孩子说需要 3 000 日元买东西时，母亲就给他一张 5 000 日元的纸币，对于找回来的 2 000 日元，也并不要求孩子归还。

退一步来说，即便为孩子购买必需品，父母给孩子的钱常常超出实际所需，这种做法背后的原因令人费解。

这种极为宽松且缺乏约束的经济观，就这样潜移默化地传递给了孩子。在我遇到的孩子中，那些从父母钱包中偷钱或者有小偷小摸行为的孩子，大都来自无固定零花钱制度的家庭。

有位"成人宅家"的男性竟然说"要一直啃老下去"。当我反问他："父母这棵大树不在了，没有钱了，怎么办？"该男子沉默不语。

坦率地说，我个人觉得，经济教育上的失败尤为巨大。如上所述，因为在高学历父母群体中，高收入家庭较多，所谓的"孩子抚养费"就会无限地膨胀。"孩子抚养费"指孩子从出生到成年期间所需的总花费。根据"育子费用网络调查的调查报告书"（Like U），如果把食物费用和教育费用都包括进去，小学生的月均抚养费大约为10万日元，年累计就高达120万日元[①]。如果家庭年收入为400万日元，则孩子抚养费就占到30%左右。而年收入达到1 000万日元的家庭，由于经济条件更为宽裕，就容易把钱大量用于抚养孩子。这样的父母经常会说，"为了孩子的幸福，不想让他们为金钱而操劳"。

可是，我并不认为这是件好事。我觉得，不管父母如何有钱，最好都应该为孩子设定一个合理的支出上限，立下规矩，"孩子不可以超过这个上限而使用家里的金钱"。设定支出上限的一个方法就是采取固定零花钱制度。

孩子每月只能使用规定数额的金钱，如果想购买花钱较多的物品，那就必须自己储蓄。重要的是，这种人生中的理所当然的事情，必须

---

① 当前的汇率约为1元人民币=20日元。

让孩子们从小就开始经历。可以想象，如果孩子没有积累这种人生经历，其中就会有人在长大后，陷入信用卡过度透支或高利贷地狱之中。

高学历父母的"心理弹性"较低

在现代社会里，心理弹性受到重视。心理弹性，简而言之，是个体"战胜危机的力量"，由自我肯定感、社会性和社会支持三个部分构成。

① 自我肯定感是指个体不管遇到何种困难，都会觉得自己有办法应对。

② 社会性指的是个体与周围之人合作解决各种问题的能力。

③ 社会支持是指个体实际感受到自己得到周围之人支持的能力。

本书在此之前，对高学历家庭孩子的自我肯定感之低，已经说了很多。不过，我的印象是，高学历家庭孩子的社会性也非常匮乏。在少子化的当今社会，独生子女好像占绝对多数，这导致他们与周围之人合作解决问题的机会减少了。因此，他们可能未能充分培养与周围之人合作解决问题的能力。

第三点是社会支持，我认为这一点上问题最多。高学历父母容易想当然地认为，一个人什么都能自己做才叫作自立。自立被认为是自己赚钱，自己支付所有的住居费、水电煤费和饮食费等，然后还包括"经济宽裕的生活"。总而言之，自立仅与金钱联系在一起。

比如，当问及"自立是什么"时，大部分高学历的父母会回答"自立是自己什么都能做"。也许正是由于这样的观念，高学历父母想让孩子也获得高学历，为自立作保障，类似于购买保险以防范未来的不确定性。然而从社会现实来看，所谓依靠个人收入完全覆盖个人生活成本的社会承诺，在结构性资源分配体系下始终存在兑现缺口。而且，"自己独立承担所有费用"是接近于自我责任的观点与社会形象，它把经济上的自我责任看作自立的重要组成部分，却忽视了社会性支持网络对个体生存的重要性。

父母如此教育孩子，孩子可能不愿意向他人求助。孩子会认为，被他人救助是个人的耻辱，他们不想被他人轻视，不想把自己软弱的一面给别人看。这种无用的自尊就成为信息障碍，致使孩子无法接受社会支持。当孩子不想伸手求助之时，就无法切身感受到自己是因为得到周围之人的帮助才能够生活下去。

某件事情进展不顺，心灵仿佛在一瞬间"啪"地折断了，而个体选择不向任何人求助。这样一来，心理弹性就无法发挥作用。

我经常察觉到周围人的困惑：现在的高学历家庭的孩子，是不是心理弹性太弱？

我听说过，某位医学部的学生因为讨厌解剖实习，而变得不登校了。解剖实习是医学院的必修课，如果不完成这门课的学习，就无法从医学部毕业。对遗体当然要尊敬，对捐献遗体的家属要感谢。要抱着尊敬和感恩之心，学习解剖实习这门课。在解剖过程中，医学生要与遗体直接"对话"，感受生命的尊严。正是通过这样的经历，我们医学生方能站在医学之道的登堂入室之口。

当然，在学习这门时，也会伴随着恐惧和震惊，这是医学从业者必须要面对的。如果进入医学部学习，那就是要和包括遗体在内的人类的身体、生命面对面。

因此，对实习产生负面的抵触心理之时，"帮助我一下"，向周围之人求救，应该有解决方法。但是，如上所述，因为有无谓的自尊，因此就没有向周围之人求救。结果，就没有能够战胜危机，跨越障碍。

最终，这名学生因长期缺席解剖实习课而退学。这个结果的背后原因并不是医生职业的独特性，而是家庭的教育选择——单纯为追求高学历[①]而进入医学部。

在护理学科，因为畏惧实习而中途退学的例子也时有发生。仅仅就我所知道的就有数例，其理由都是实习过于艰难。即便有些学生成功毕业并踏入工作岗位，因为"必须与各式各样的病人进行交谈，这是一种痛苦"，然后，就辞职不干了。

---

① 实际上，学历的高低差别并不仅仅体现在纵向的学历层次上，还包括在横向的学历类型上。在这一点上，日本比其他亚洲国家显得更为突出一些。在现代日本，在理科类的高考生及家长眼里，在其他条件（比如，大学的社会声望）近似的前提下，医学部要远远高于其他学部（比如，理学部或工学部）。因此，不管考生个人适合与否，一心只想考入医学部也是追求高学历的典型表现。如本书所述，一心只想考入医学部学习的又以医生家庭的子女为多。

不过，实际上，任何工作都必须与他人面对面。即使是研究工作，在研究团队中，也必须与他人协作才能完成工作。即使是自由作家，也必须与主顾保持联系，才能获得工作机会。培养社会性，接受适当的社会支持，是个体人生获得成功的关键要素之一。

第四章

高学历父母容易陷入
"早期教育误区"

让5岁儿童学习正弦、余弦的高学历父母

当今社会，越是高学历父母就越想对孩子实施早期教育[①]。如果是独生子女，那就更是如此了。因为"绝对不能失败"，所以，在孩子幼小之时，就让他们到儿童教室学习。

比如，有些幼儿园让3岁的幼儿学习九九乘法表。如果让幼儿们每天吟诵，真的就能够背出来。

"我家的孩子在学习正弦、余弦这个地方时，碰到困难了。"

这样说的是5岁孩子的母亲。这时候，另一位母亲说，"二次函数也不行"。孩子真的是在学习二次函数吗？这是让我感到疑惑的现实世界。

[①] 如第三章所述，本书里的早期教育专指系统的知识与技能的教育。其核心含义是，本来是学校教育层次的知识内容提前到学前教育阶段进行学习。

对我而言，5岁时的正弦、余弦以及二次函数的学习以及3岁时的九九乘法表的学习均无任何意义。孩子们对内容根本不理解，仅仅是机械地记住而已。父母们如果自己认真思考一下："为何要让孩子学习这些内容？"自己应该能够得到正确答案。但是，父母们并未意识到这一点。

有位母亲回答说，"这样做，是为了我家孩子的未来幸福"。母亲认为他们这样做，是对孩子好。

"为了不让孩子将来陷入困境，因此，这样做有什么不对吗？"

父母很容易这样想。但是，这样做，就能够在孩提时代的"当下"养育出未来能够攀登至人生巅峰的孩子了吗？

致力于早期教育的高学历父母和我之间也有一致的地方，那就是，双方都认为，"儿童是潜能的集合体"。

不过，在教育方法上，我们就完全不同了。简而言之，这样的父母在"脑育的顺序"上完全错了。如果这个"顺序"不错，那就应该能够发展出儿童的潜能。这实在令人惋惜。

接下来，我将结合实例，详细阐述科学育脑的正确顺序。

每周上六次培训课的武田君的例子

武田君的父亲是医生，母亲也是医疗领域的专业人员，他是独生子。从2岁起，他开始到幼儿体操教室学习体操，3岁开始学习学科知识、弹钢琴、英语口语等。他非常乐于学习这些东西。教师也表扬他"有能力"。对于这些学习活动，武田君本人并不感到厌烦，他的父母对其学习非常期待。因此，父母任劳任怨地接送，让他每周参加六次培训班的学习。

从1岁开始，武田君就进入保育园。尽管在保育园的日子里，他活泼好动，经常处于不安静的状态，但是，因为保育园轻松自由的氛围，他并未因此格格不入或特别显眼。相反，由于他比其他同龄小朋友的知识储备多一些，可以说是保育园里小朋友的首领。但是，进入小学之后，他的样子一下子就变了。

在小学低年级时，即使是在上课过程之中，他也会在教室里走来走去。有时他把手放到小朋友身上，有时不做作业，有时遗忘东西。班主任经常向家长反馈他的各种问题。班主任对家长说，"在家里，请认真教育教育"。为此，家长感到苦恼，于是决定，尽可能地多加管教。

这样，在小学四年级之前，在家里能够管理的那部分，母亲相当严格地承担起相应的责任来。本来，父母都是"从小学到大学，从未因学业而烦恼"的佼佼者，因此，对于武田君在学校的表现，确实感到不可理解。但是，他们想，"既然学校无法管理，我们家长就自己管理吧"。

武田君从学校回来，家长首先会提醒他漱口、去洗手间。其后，会让他吃一些点心，检查书包，把当日的家庭作业从书包里拿出来，母亲会坐在学习桌旁陪伴他写作业。当武田君无法集中注意力，松懈下来的时候，母亲会根据情况，要么严厉批评，要么给予鼓励，就这样，日复一日地坚持着。待武田君完成作业之后，母亲才开始做晚饭。

母亲规定，作业完成之前禁止玩游戏，作业完成之后才可以玩。武田君一旦从紧张的学习中解放出来，就完全投入到游戏之中，以前喜欢的钢琴也完全不练习了。

每天早上，母亲会让武田君在床上多睡一会儿，会帮他做上学的准备工作。

但是，其后，他的问题行为不仅没有减少，反而越来越严重了。在家里学习的时候，如果父母对他说些什么，他就会突然暴怒，到处摔打东西。

就在他的行为问题进一步恶化之前，这对母子与我的育子科学中心联系上了。我们给予他们如下的建议。

"晚饭的开始时间，定在晚上7点钟。"

"晚上9点前上床睡觉。"

仅仅是生活习惯改变而已，武田君没有任何抵抗，就接受下来了。

另外，我们还建议父母刻意制造一些无法做晚饭的情况，请父母告诉武田君，让他帮忙来做饭。如果武田君帮忙了，父母不要忘记对他说"谢谢"。我们还建议父亲每天尽量早一点回家，以便全家人能够围坐在饭桌前，共享晚餐时光。我们希望父母能够采纳并执行这些建议。

这样做之后，怎么样呢？

武田君的行动慢慢地显现出自主性了。母亲也不用再像以前那样面面俱到，仔细地照顾他了。为了能够在晚上9点之前上床睡觉，他需要在合适的时间停止游戏，他变得自己能够这样思考了。到了五年级、六年级和初中时，每天他都是一副生龙活虎的样子。简直想不到他以前竟然会是一位问题儿童！

这时候，"请引导武田君，让他说出自己内心的想法"，我们这样指导武田君的父母。这样一来，武田君就慢慢地变得能够自主行动了。"想做动物相关的研究"，在高中时，他选择了理科。现在，武田君正在大学学习，朝着自己的人生目标迈进。武田君从被称为问题儿童的状态中顺利地走了出来。那么，他成功的原因是什么呢？

脑育自有其固有的顺序

人类生存机能的大部分均由大脑来承担。因此，育子几乎可以用"育脑"来表现，二者为同义词。大脑能够被重新培养，因此，武田君才发生了变化。正如在头部能够直立之前，小孩子不会说话一样，大脑的发展也具有阶段性。因此，脑育有其固有的顺序。

在婴儿出生后至5岁左右之间，首先必须培养"身体之脑"。身体之脑是控制睡觉、起床、吃饭、运动等方面的大脑。脑的这些部分主要包括调节内脏机能和自控机能的下丘脑在内的间脑和脑干等。

刚出生时，婴儿大部分时间都在睡觉。不管白天黑夜，婴儿经常哭闹，要吮吸母亲的奶头或奶瓶的奶嘴。慢慢地，婴儿就能够夜里不醒，有较大块时间的睡眠。随着成长，婴儿能够头部直立、翻身、坐起，然后，"叭叭"地开始发声。这时候，他们开始与家人的生活节奏同步，早上，与家里人同时醒来，夜里，同时上床睡觉，每日吃三次饭，开始有喜怒哀乐的表情。

总之，人类出生之后，最初开始发展的是"身体之脑"。

似乎是为了追赶"身体之脑"的发展，从1岁开始，幼儿的"聪明之脑"的发育开始。这部分主要是控制言语机能、思考和运动等技巧（细微运动）的大脑皮层。特别是在小学和初中阶段，以各学科的学习为中心，这部分的功能发展迅速而明显。当然，"聪明之脑"的发育存在个体差异性。大约到18岁为止，我们要花费大量时间来培养"聪明之脑"。

最后，从10岁至18岁左右，迎来了"心灵之脑"的发育。这一阶段主要聚集于运用大脑皮质层之中具有最强功能的前额叶，发展出人类独有的逻辑思维和问题解决的能力。

如上所述，大脑发育有三个阶段。但是，很多家长在未培养"身体之脑"之前，就追求"聪明之脑"和"心灵之脑"培养。这是高学历家长在育子上遭遇挫折的最大原因。武田君的例子就是如此。

武田君的脑育失败的原因是，在幼儿时期，"身体之脑"培养未得到重视。母亲全职工作，而总是时间非常紧张，武田君在3—5岁时，

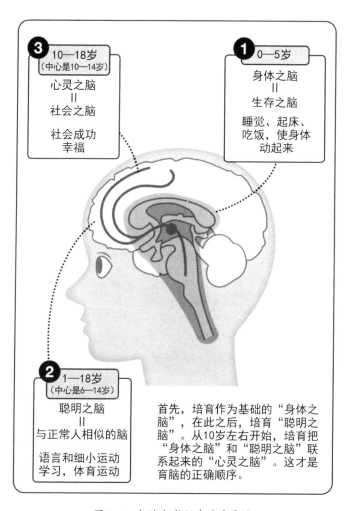

3 10—18岁
（中心是10—14岁）

心灵之脑
=
社会之脑

社会成功
幸福

1 0—5岁

身体之脑
=
生存之脑

睡觉、起床、
吃饭，使身体
动起来

2 1—18岁
（中心是6—14岁）

聪明之脑
=
与正常人相似的脑

语言和细小运动
学习，体育运动

首先，培育作为基础的"身体之脑"，在此之后，培育"聪明之脑"。从10岁左右开始，培育把"身体之脑"和"聪明之脑"联系起来的"心灵之脑"。这才是育脑的正确顺序。

图4-1　大脑发育顺序的重要性

晚饭常常在8点之后才吃，然后洗澡，上床睡觉最早也要在晚上10点之后，经常是要拖到11点左右。相对于培养"聪明之脑"所投入的精力和所进行的实践，"身体之脑"并未得到扎实的培养，导致大脑发展处于二者失衡的状态之中。

　　孩子在观察并模仿父母的言行举止中成长。父母要以身作则，坚持早睡早起和重视早餐等良好的生活习惯。在亲子同居生活之中，父母的价值观会潜移默化地影响儿童。

　　接下来，我会对此进行更详细地阐述。父母对事物的理解方式、言语表达的内容、展现给孩子的表情、与孩子互动游戏的方式等，任何一个细微之处都可能对孩子产生不可估量的影响。

有比知识、技能学习更重要的事情

　　武田君的情况是，在"身体之脑"培养之前就进行了"聪明之脑"培养。这样一来，在幼小时期，非常听从父母指导而且优秀的孩子，当到了小学高年级以后，不登校和不安障碍等引起心理问题发生的风险增大。武田君的实例就表明，如果轻视脑育的阶段性，就会遭遇育子的大麻烦。这就是客观事实。

　　在"身体之脑"坚实培育，打下基础之后，再在其基础上进行"聪明之脑"和"心灵之脑"的培育，这才是正确的育脑顺序。如果"身体之脑"发育不良，其后，不管在其上放置多少"聪明之脑"和

"心灵之脑"，其因失去平衡而倒塌的风险总是存在着。

比如，假定居住在二楼是客厅的独栋楼房里。大家追求的大都是，二楼客厅里能放上高档次的沙发和大画面电视。尽管如此念头未必有什么不妥之处，但是，如果与二楼（"聪明之脑"）相比，一楼（"身体之脑"）过于狭小，当二楼装进去过多的物品时，整个楼房就会坍塌。即使二楼不放大量东西进去，只要出现一次小小的地震，也许整个楼房就崩塌了。

只要一楼，即"身体之脑"坚实形成，小学生阶段的孩子们的生活便能步入正轨。到了夜里，他们就睡觉，到了早上他们就起床，然后说，"啊，饿了"，吃完早饭，满足、幸福之情溢于言表，"我上学去了"，说完就出门上学去了。

根据对小学生的调查，我们发现，有很多每天早上起床，然后去上学的正常孩子，实际上，其中很多经常早上在半睡半醒之间，被父母强行地喊起来，或者是，腹中并不感到饥饿却被父母催促着吃早饭。

请想一想，大家有没有在"身体之脑"（一楼）未曾发育良好之前，就被父母强迫要求进行知识学习和体育训练，以求聪明之脑发育呢？当然，如果孩子们自身想学习，那么满足他们的求知欲，这无疑是父母的本心所在。为了发展孩子的潜能，父母尽心尽力也是理所当然。但是，不能忽视的一个问题是："脑育有没有失去平衡？"

"要培养什么样的孩子呢？"当对父母这样询问时，回答"身体健康就行"的父母几乎没有。孩子呼吸有规律，心跳既不过快也不过慢，筋骨结实，有面对危险能够远离的运动神经；夜里能躺倒就熟睡，早上能迅速起床，经常笑眯眯的，精力充沛。"想培养这样的孩子"，这样回答的父母，我从未遇见过。

可是，这些实际上却是最重要的。这是因为，这些是孩子进一步发展的物质基础。

如果让我回答"想培养什么样的孩子"，我的回答如下。

第一，"身体之脑"时期，培养"如原始人那样的孩子"；

第二，"聪明之脑"时期，培养"喜欢学习校外知识的孩子"；

第三，"心灵之脑"时期，培养"能够理解对方心灵的孩子"。

培养"如原始人那样的孩子"

在"身体之脑"时期，父母的责任是，不管如何，要努力让孩子记住"昼行性动物"的生活节奏。毫无疑问，"昼行性动物"与"夜行性动物"的生活方式截然相反，他们遵循着"日出而作，日落而息"的自然规律。这样的人固然是人类，但是，这却是距离现代人较远的原始人的形象。

简而言之，自婴儿出生到5岁之前，父母所进行的"育子"其实就是培养优秀的原始人。这样的表述贴切地反映了这一时期的教育重心——"身体之脑"的培养。孩子在5岁之前，正以近乎动物本能的方式学习，为了将来能够独立生存下去，他们必须熟练掌握环境适应能力。

比如，那边的灌木丛在动，发出窸窸窣窣的声音，综合这些视觉和听觉信息就可以推断，也许那边有敌人。嗅觉使我们闻到某种味道。当我们摘取并品尝某种果实，味觉会带来愉悦或警示的信号，指导我们区分这个果实是否可食。当潮湿的风拂过肌肤，触觉能敏锐地捕捉这一变化，使我们能够预测即将到来的雨水。这五种感觉能够帮助人类实现自我保护。

如此确认自身处于安全环境之后，人才会感到放松。而且，每日三次感到空腹，自动想到吃饭。面对湿度和温度均时刻变化着的外部环境，大脑的自律神经会发挥调节作用，确保体内环境处于相对稳定的状态。敌人出现时，感情迸发，愤怒、恐惧、逃跑、战斗，等等。这就是如原始人那样的力量。

如果说这是人类的本能，应该没有任何问题吧？为了在孩子身上创造出这种力量，大人在日常生活中，要连续不断地给予孩子的大脑以适当刺激，进行"身体之脑"的培育。

而且，在这段时期，促进"多巴胺、羟色胺、去甲肾上腺素"的分泌也很重要。这三种物质是作为"身体之脑"基础的神经传递物质，促进其分泌就为"身体之脑"培养打下了基础。

从孩子出生至5岁之间，促进这三种神经物质的大量分泌非常重要。如果给予大脑足够的刺激，就会形成比较高级的神经网络。当进入"心灵之脑"发育时期时，孩子的大脑就足够抗压，并且推理思考能力和自我控制能力都会比较强。

那么，原始人的大脑培养最为关键的是什么？在现代社会里，那就是"与年龄阶段相适应的充分的睡眠时间"。在演讲会上，我如此说时，大家都会吃惊说，"唉？我家孩子也充分睡眠了啊……"实际上，这里，大家对"充分"的理解有误。

大多数人误以为"孩子睡够8小时就足够了"。这种观念忽视了儿童在不同年龄段睡眠需求的差异性，5岁的儿童与中小学生的睡眠时间肯定不同。人们常说，大人需要6至7小时睡眠，孩子需要8小时。但是，年龄不同，所必要的睡眠时间以及理想的睡眠开始时间也有明确标准。这些标准均建立在科学和医学的基础之上。

首先，我们从睡眠时间开始重新思考一下。5岁儿童需要11小时的睡眠时间才能满足正常发展的需要。这一点在儿科的教科书写得很清楚。而且，睡眠的时间段也很重要。晚上7点到早上6点之间最为理想。

但是，在现代社会里，晚上7点开始上床睡觉这件事，对于几乎所有家庭来说，似乎是不可能的。我提出一个更为实际且合理的建议，以晚上8点上床睡觉，早上6点起床为目标。这样比较符合人类的自然作息规律，就像原始人"太阳落山后开始睡觉，太阳升起时起来"。顺带而言，对于小学生而言，教科书推荐说，需要睡眠10个小时。我个人则推荐，晚上9点上床睡觉，早上6点起床，每天保障9小时的睡眠时间。

对于说"我家孩子充分睡眠了"的父母，详细询问他们一下就知道，孩子有时23点之后才睡；有时看似睡着了却又醒着，处于浅睡之中；孩子有时被尿憋醒，夜里起床。总之，孩子并未深度和合适地睡眠。这样一来，就不难想象他们的大脑没有能够健康发育。

在太阳升起的清晨6点左右起床，开始活动，在太阳落下去后的晚上7点左右结束活动，可以确保深度睡眠至少8小时，这是睡眠的黄金时间标准。可以说，不管是对于昼行性的人类儿童来说，还是对于原始人来说，这一作息模式都是大脑发育的物质基础。

培养"具有学习学校之外知识的动机的孩子"

那么，接下来进入"聪明之脑"时期。这个时期对应小学和初中。在这一时期，孩子们在学校和课外活动的时间里，学习学科知识，进行体育运动等。这一时期，对孩子的"睡眠"也不能掉以轻心。必须继续进行作为各种发展的基础的"身体之脑"的培养。如果不这样做，接下来就可能会碰到各种风险。

如果睡眠不足，那么本应在睡眠期间分泌的生长激素就无法分泌出来，这会阻碍骨骼等的生长。如果放学之后再去参加足球或游泳等培训，睡觉时间推迟，就会增加身高发育受限和骨折的风险。而且，在幼儿时期未能充分睡眠的儿童，进入青春期以后，肥胖、抑郁症和月经提前等问题多发，这些问题在世界各地的调查报告中都可以看到。

特别是，在深度睡眠的后半部分，大脑会对白天新获得的信息加以整理和编排，使其固定在大脑之中。这是"聪明之脑"发育的必需的生理条件。因此，这也就是说，如果睡眠时间不能保证，也会对大脑的学习机能产生负面影响。

　　不过，如上反复提到过的，高学历父母易偏重对孩子进行早期教育。请回想一下那位从小开始，为了去接受各式各样培训而缩短睡眠时间的武田君。武田君陷入这样的生活方式的背后可能有两个主要原因。

　　首先，"（早期教育）做得越多，孩子头脑会变得越好"的观点在作祟。一直努力学习的父母从自己的人生成功经历中总结出一些经验，并坚定地认为，只要努力最终总会成功。别人家的孩子这时候正在学习塾里学习，而我家的孩子却在家里睡大觉，这情景单是想一想，父母就会立即感到巨大的不安。

　　还有一个原因是，父母往往不自觉地把自己的孩子与别人家的孩子进行比较。当别人家的孩子都在上各种培训班，而自家的孩子并没有上这些课，父母可能会产生自己"未尽职尽责"的焦虑感，感觉自己与社会格格不入。高学历父母特别容易变得不安，因此更容易对自己的育儿方式产生疑虑和担忧。

　　因此，可以说，通过正确睡眠，促进大脑高度发展是育子活动的最重要课题。本章开头的武田君，不管接受了多少学习刺激，但就是不见成绩进步。实际上，学习成绩别说进步了，反而还有明显下降呢。

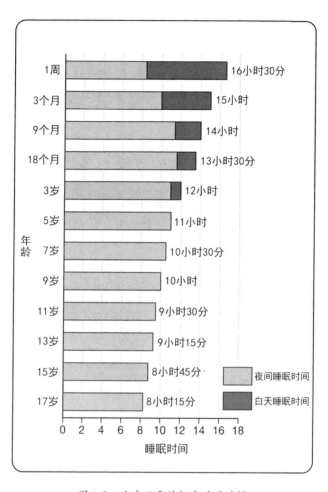

图4-2　儿童必需的标准睡眠时间

资料来源：Nelson. Textbook of Pediatrics. 19th ed。

到这儿，诸位能够理解其中的缘由了吧。当父母看到武田君的问题行为时，不知不觉就陷入了要么管理，要么压制的育子行动之中。

这时，通过重新进行"身体之脑"的培育，改变先前不良的生活习惯，父母与武田君的相处方式也有了彻底的改变，效果立竿见影。这是问题儿童成功好转的典型案例。

不过，这里必须要注意的一点是，在"聪明之脑"培育时，必要的知识学习并非让孩子仅仅到学校和学习塾去学习就行了。在这个时期，确保孩子拥有充足的睡眠和均衡的饮食至关重要，因为这能够使自律神经功能得到充分发挥，让孩子的身体处于最佳状态。当孩子的身体处于最佳状态时，他们的大脑在面对新知识和信息的刺激时，可以无限摄取。家长可以把课外的知识和信息作为大脑发育的刺激源，毫不吝啬地投向孩子们，这是"聪明之脑"时期的育子的关键。

如果孩子拥有了大量的"课外知识与信息"，那么家长们可以自豪地说："太棒了！我家的孩子发展得太好了！"宇宙人、铁道、土壤中的昆虫、足球选手的姓名，等等，这些多样化的领域都是促进孩子成长的养料。如果孩子确实出自个人兴趣，能够自主地去获取知识，那么对于孩子的脑育来说，这就是极大的成功。作为父母，请尽量尊重孩子的兴趣，尽可能支持孩子发展自己的兴趣。我觉得，能够这样做的父母真了不起。

在孩子小时候，父母就让其深度投入个人喜欢的事情之中，这可能是最有效的育子方式。在我女儿小时候，我经常带着她去看她喜欢的戏剧，不知不觉，女儿就变成了音乐少女，特别是对音乐剧《悲惨世界》痴迷，几乎让她拥有了堪比专业人士的深厚的知识。

过去，我诊疗过一个男孩。孩子会经常与父亲一起去钓鱼，后来，他把钓来的10多条鱼保存在水槽里，开始饲养了起来。最终，这个男孩子进入了水产大学读书。这些孩子在中小学阶段，学习成绩或许并不拔尖，反而是接近吊车尾的那种。但是尽管如此，由于培育方法得当，他们的大脑也得到了实质性发展。

培养"能准确理解对方心理的孩子"

20多年前，我刚从美国留学归来，去参加了幼儿神经学会的会议。在会上我看到了一家出版社正在展示书籍，其中一本关于"语用论"方面的书籍吸引了我的注意（非常抱歉，这本书已经找不到了，所以记不起准确书名了）。说起来有点惭愧，当时，我连"语用论"这个词也不知道。尽管如此，我看了看其内容，却一下子就大致明白了。

简而言之，语用论就是让语言具有言外之意，以此促使对方采取行动的言语技术。比如，"收音机的声音太吵了"，如果家庭的其他成员如此说，那么，你应该默默起身把音量调低。这时候，"收音机的声音太吵了"这句话背后的实际意思是，"因为太吵了，请把音量调低"。听话人判断出了说话人的话外之音。

如果没有领悟这句话的言外之意，就可能会作出如下回答："唉？

一点也不吵啊。对我来说，这声音正好。"如果这样回答，可能会受影响两人之间的关系。

那本书的核心观点是，自闭症的特征是"在语用论的理解上存在着先天缺陷"。随即，该书介绍了脑科学对自闭症进行的研究，而这一研究正是建立在语用论的基础之上。其研究的最初的核心是，自闭症儿童的前额叶的机能是否存在异常。脑科学这一探究心智奥秘的学科，被称为是心灵的理论。

我突然间灵光一闪，我要把这个"语用论"用于"心灵之脑"培育上。接着，我就把它用在自己的女儿身上，开始"实验"起来。

首先，我让2岁的女儿学说"抱抱我"。

3岁时，我让她说"累了，抱抱我"。添加上了表达感情的词语。4岁时，"走了很多路，我累了，请抱抱我"。

5岁时，进一步复杂化。"我已经非常累了，但是，因为妈妈的腰不好，所以就只需要抱着我走到前面的电线杆那里吧。"

如此这般，我循序渐进地教下去。这是因为，我认为，如果不能学会以正确的语句传达自己的意旨，那么语用论就无法使用。

我还记得女儿刚刚上小学时和我的对话，"爸爸到便利店给我买东西去了，天突然下雨了，爸爸出门时有没有带伞啊？"

"啊！伞还放在伞架上，没带伞哦。"

"如果被雨淋湿，那就太糟糕了。我去给他送伞吧。"

"嗯，那就去送吧。"非常周密且有机联系的对话，然后我们就采取行动了。

女儿初中时代的某一天。

我说："狗狗想出门散步了吧，可是，妈妈今天有点腰痛。"听了我这话之后，"那就是说，妈妈想让我陪狗狗散步了？"女儿问道。

"心灵之脑"的真正发展要等到10岁之后。这时候，女儿才真正学会了"语用论"。但是，如果不认真确认一下，可能就会错会了我的言外之意，于是，她就向我确认是否真的如此。

从我的这些个人经验出发，我推断，孩子如果不经历这个过程，等他长大以后就无法熟练掌握语用论。对"你想培养什么样的孩子"这个问题，我说过，最重要的是"心灵之脑"的培育。不过，上述才是我想说的"心灵之脑"培育的真正内涵，即培养"能准确理解对方心理的孩子"。基于上述观点，我们育子科学中心举办过各式各样的研讨会。

比如，上司说："这个文件整理一下需要两个小时。可是，我下面要去开会。"这时候，部下应该怎么回答才最为理想呢？

A "会议结束后，再花两个小时整理文件，您看这样可以吗？"

B "你是不是要让我来做？"

C "那个会议部长不参加不行吧？这样吧，就让我帮您整理文件，可以吗？"

当然，回答会根据员工与上司之间的关系而变化。但是，作为社会人，很明显，与A和B相比，C回答最为理想。这种能够察觉他人情绪的能力，正是"心灵之脑"支配之下的语用论在发挥作用。我认为，父母在日常生活中，自然而然地让孩子掌握这些，才能引导孩子走向人生的成功和幸福之路。

大脑的发展发生在具体的生活场景之中。我确信，不管孩子是否有自闭症，只有"生活"才能培育孩子的"心灵之脑"。尽管对于不同孩子，这种培育的效果存在一定的差异。

正因为是婴儿，所以需要父母和他说话

就我的感觉而言，一直面带笑容的父母所养育出的孩子大多常常是一副快活的样子，而且，对父母的心意能很快理解。这是因为"镜像神经元"（mirror neurons）在起作用。孩子使用此类神经细胞来模仿父母的动作和语言。

尽管如此，"婴儿不是还不会说话吗？无法对话吗？因此，我不会和他说话"，有些母亲会这样说。即使只有母亲和孩子两个人，母亲也一直在摆弄手机或看电视，既不和孩子说话，也不对孩子呈现笑脸。

实际上，孩子从刚出生开始，只要父母靠近，张嘴，说话，他们就会一直看着这些动作。"啊，啊——"等，一直在拼命地模仿练习。终于有一天，孩子说出了"爸爸""妈妈"等有意义的词汇。因此，想让孩子记住的行动和言语，最好一直在孩子面前做给他看，说给他听。

而且，可以这样认为，在孩子幼小时期，致力于早期教育的父母就错过了使用镜像神经元促进儿童大脑活性化的机会。重要的不是早期教育，而是父母要让孩子看到正确的思考和行动姿态，比如，诚恳地说出"对不起！""谢谢！"等道歉和感谢的话语，并身体力行地展现这些行为。

　　有句格言说，"孩子是父母的镜子，父母亦是孩子的镜子"。父母有责任把理想的行动和言语展示并传递给孩子。更严格一点说，父母绝不能把这个任务让给他人来承担。

　　比如，父亲出差不在时，有的母亲会说"你爸爸努力工作，赚钱养家"，也有的母亲说"你爸爸，我一点也指望不上啊"。这两种说法截然相反，两种完全不同的父亲形象就灌输给了孩子。类似地，在体育训练中，我不欢迎体育教练"这样做""那样做""这样做不行"等充满指示、命令、否定语气的指导方式。因为如果教练这样指导，那么，儿童就只能接受和吸收这样的词汇了。

　　几天前，我出去吃饭，在吃饭的地方，碰到一位母亲带两个小孩的家庭。母亲让孩子坐在桌子旁，然后自己去买食券。3岁左右的小男孩就拖着儿童座椅，想把它拿过来。这时候，5岁左右的女孩突然表情变得可怕。

　　"××君，不要拿椅子过来。如果妈妈不让拿过来，可你却拿过来了，那不是不行吗？　××君，动来动去，不危险吗？"

　　女孩用大人的口吻在警告着男孩，这大约极像了母亲的说话方式。

孩子确实如同一面镜子，可能，母亲也经常这样对女孩说话吧。

"哟，把椅子拿过来了！这么小，能这么做，太棒了！帮妈妈的忙了。谢谢啊！"

如果母亲能这样对孩子说话，我想，从5岁的姐姐口中说出来的词汇可能就不一样了。也许母亲工作很忙，也许母亲压力很大。不知不觉间，亲与子均变得如此担心了。

大脑的发育从孩子出生时就显出了个体差异。不过，大多数父母很早就让孩子到学习塾和培训班去学习，偏重"聪明之脑"的培育。实际上，从脑育的角度来看，这样做，反而是"输在了起跑线上"。育子的时间总量相对固定，如果父母仅仅关注"聪明之脑"的培育，用在睡眠和语言发展上的"身体之脑"的培育时间就必然减少。

"宅"可以预防

直立调节障碍，这个病名，大家听说过吗？它又名自律神经功能紊乱。最近若干年来，不仅在孩子中间，就是在大人中间，患上这个病的人也逐渐增多。正如病名所示，由于自律神经功能紊乱，起床时就显现出特别费劲和痛苦的症状。

具体症状有，"早上费了很大劲也很难起床""经常伴随头痛和腹痛""突然站起来或者长时间站立时头晕目眩""如果一直站着就会身体不舒服""容易晕车晕船"，等等。以上述症状的出现为前提，通过比较静躺时和站起来时的血压和脉动之差来诊断。

　　根据幼儿身心医学的报告（2018），约5%的小学生、约10%的中学生患有直立调节障碍。重度患者约1%。不登校的孩子中间，约30%—40%左右患有直立调节障碍。男女比例而言，若男孩子为1，则女孩子为1.5—2左右，女孩子的发病率较高。直立调节障碍的易发年龄为10—16岁。总之，直立调节障碍为青春期易发疾病，当然，成人也可能患上这种病。

　　患上这种疾病之后，孩子在学校规定时间到校就变得困难。因此，该病导致了孩子的不登校和"宅"①，家长和教师也常常会说，"都是因为直立调节障碍，没办法啊"。

　　我并不这样认为。这是因为，如前所述，自律神经机制是"身体

————————

① 日语的"引きこもり"直接翻译为中文是"宅"。但是，日语的"引きこもり"比中文的"宅"所指程度要深一些，指长期闭门不出，拒绝接触他人和社会的生活状态，已经成为严重的社会问题之一。青少年或成人"宅"的现象在任何社会的任何时代都或多或少地存在着。在日本，青少年"宅"大规模化最初出现于20世纪90年代。本书针对病理性"宅"，主要从个体身心和家庭养育方面寻找影响因素和抑制对策。但是，青少年大规模"宅"既有其个体的身心因素和家庭因素的微观基础，更有社会结构因素的巨大的宏观影响。从社会结构方面看，一方面是高等教育普及化，另一方面是经济不景气导致高学历人才需求持续萎缩，这客观上导致部分青少年在"宅"之外别无其他社会选择。加之，在社会整体高度富裕之后，离家外出工作已不是生活和生存的前提和必选项，这就为"宅"提供了客观物质基础。尤其是，高学历家庭高收入比例较大。从这个角度来看，不妨说，青少年大规模"宅"是现代社会的结构性并发症之一。

之脑"的功能。"身体之脑"未曾有效发育的孩子较易罹患直立调节障碍。当然，该病症也与先天性的体质有密切关系。不过，"身体之脑"在任何时候均能重新塑造。这也是客观事实。

实际上，我自己小时候也曾经为非常严重的直立调节障碍所苦恼。初中生时期，每天早上，眼前一片漆黑，我从被窝中爬出来，摇摇晃晃穿上外出的衣服。在步行到车站的路上，我需要坐在路旁休息3—4次。最后，终于到学校了，但我在早会上常常会倒地不起。如果去泡温泉，我一旦碰到温泉水，立即就会晕过去。

曾经如此的我，为何现在每天早上三四点能够很利索地起床了？起床之后，麻利地迅速投入工作。然后，泡澡一小时。这样，似乎就变得想吃早饭了。接着，我会做早饭、吃早饭。我能够如此行动是因为，我通过有规律的生活节奏，重新塑造"身体之脑"，进而重新锻炼了自律神经。

自律神经是包括我们人类在内的动物不管处于何种环境，均能悄悄地把身体状态调整至"最佳状态"的神经。自律神经让我们在夜里能够充分睡眠，使早上活动需要的能量变得充盈，让我们感到有食欲，想吃饭，消化吃下去的食物，吸收其中的营养，排泄废弃物。总之，上述这些活动均有自律神经参与其中。

而且，自律神经系统能够适应随季节变化而时刻变化着的外界温度和湿度，让我们的体温保持恒定。睡觉、站立、坐着等，体位即使变化，它也能使血压随之变化，让血液流到身体的每一个角落里去，既无过量也无不足，真正实现了"自我调控"的神奇功能。如果缺少了它，身体健康就会受到损害。对我们人类的生存而言，它是必需之物。

自律神经的功能发挥确实存在着较大的个体差异。尽管存在着天生的"优质"和"劣质"的差异，但是后天的维护和锻炼能够在很大程度上改变它。关键之点是，个体在睡眠、吃饭、运动等方面要具有良好的生活习惯。

简而言之，我仅仅是正确地睡眠、吃饭、运动而已。这样，我经过20多年的岁月的磨炼，获得了客观证据，并在自己身上和女儿身上见证了这些习惯带来的显著成效。我强烈地相信这一点。

而且，到我这儿来看病的人们，他们后来的成功经验也证明了这一点。比如，有些孩子，不管采取什么办法，他们也只能下午两点左右才到学校。但是，经过类似的训练之后，进入高中后，他们就能够早上5点起床，并且能够自己骑自行车去上学了。

欧洲的幼儿园常把儿童带到野外去

大家读过2020年在日本公开出版的世界级畅销书《手机脑》（安德斯·汉森（Anders Hansen）著）吗？

该书的书名容易让人误会其是一本批判"智能手机之恶"的专著。其实，它不过是冷静和科学地分析，在人类进化的过程中，智能手机

（或者说电脑终端、PC、游戏机等智能工具均包括在内）处于怎样的位置？它给予了大脑怎样的刺激？作为该刺激的结果，它给予大脑怎样的实际影响？

在日本，儿童的手机依存症也成为了重大问题。

我负责的育子科学中心一直主张，成人为儿童提供"生活"的重要性。正如本章所阐述的那样，这是因为，"生活"会影响儿童的大脑发育。现实却是，手机剥夺了孩子的学习和睡眠时间，阻止其到户外游玩，成为"儿童时间的窃贼"。所有的观点均认为，孩子们无法放下智能手机，是"依赖"和"缺乏自制力"等孩子自身的问题所致。果真如此吗？

在该书中，汉森说，他自己也曾经有过"依赖手机的经历"，但是，他"有意识地"成功地从手机依赖中走了出来。就像汉森一样，成人能够全力提振自制心，丢掉依赖心，依靠自力从依赖状态中走出来。

而孩子的大脑尚未发达到如此程度——能够"有意识地"和"通过自己的脑"来脱离依赖状态。这时候，一起生活的成人就必须提供支持。父母必须"为了不使孩子坠入手机依赖状态中，致力于他们的脑的发展"，或者通过提供支持，"对已经坠入手机依赖状态的儿童进行大脑重塑"。

基本方法就如育子科学中心所传授的那样，如前所述，培养"如原始人那样的孩子"。

"身体之脑"时期的孩子就是原始人。在这一发展时期里，孩子利用五种感觉接受和理解来自环境的刺激，培育通过本能反应生存下去的基本能力。他们抱着好奇心来搜索周围环境，寻找最感兴趣的东西。对于孩子来说，智能手机是自己根本无法抵抗其诱惑的东西，因此，他们无法自制。

因此，我们告诉父母，在孩子5岁之前，智能手机、游戏机和电脑，就是电视也要尽可能避免让孩子接触。特别是，要杜绝在吃饭时看电视。强烈的光线和声音的刺激支配了孩子的大脑，大脑就无法驱使五感，好好吃饭。

上床睡觉前的一小时之内，即使超过5岁，也尽可能杜绝上述行为。这是因为，作为昼行性动物，到了晚上，人脑就会分泌睡眠激素，使人想睡觉。这是人体内天生的生物钟。

尽管如此，在就寝前，如果智能手机等发出的蓝色强光照射人眼，睡眠激素分泌量就会减少，生物钟就会被打乱。尽管父母说"睡觉了"，着急地催促孩子，可是，孩子可能会反驳说，"我不是睡不着吗"。这是因为，孩子们的大脑已经变成了"不想睡觉的大脑"。

解决这个问题的方法是，白天，把孩子放到野外去，让他们在草地上任意奔跑。在自然之中，爬爬树，体验从树上快要掉下来或者被树洞绊住脚的危险。如果滚落在地，那么下次注意，提高警惕。每天都让孩子进行这样的活动。

在蒙台梭利式等非传统教育盛行的欧洲幼儿园里，一定会设计这样的教育环境，把孩子放到野山上去，这就像在山中养育原始动物一样。通过解放孩子们的身体和大脑，使其处于自由状态，促进孩子的大脑（心灵）和身体的技能的发展。这一点已经在欧洲得到广泛认同。即使在大都市，也会在公园等地方之内，设计这样的环境出来。

在日本，这样的幼儿园和小学也开始出现了。因此，这绝不是不可能实现之事。从日本的大部分家庭的情况而言，以高学历父母为中心，家长从孩子3岁左右开始，就让他们到幼儿教室学习，全力进行读写算和记忆方面的练习。实际上，家长此举是没有意义的。我曾经告诉家长，请带你们的孩子到自然环境中去吧！

而且，我告诉他们，希望他们即使看到孩子快要跌倒了，也不要上前去帮忙；甚至，故意让孩子跌倒试试看。如果能这样做，那么孩子下次就不会跌倒了。即使是人类，野生的感觉也非常重要。不管怎么说，培养孩子，使其具有这种野生的感觉非常重要。

擅长育脑的父母和拙于育脑的父母

"实在受不了了。每天早上，小心翼翼地喊他。在他情绪很差的时候，他会对我一直怒吼，说我讨厌，他那样子，实在让人害怕。他夜里玩网络游戏，深更半夜从他房间里传出撞击硬物的声音。他一个人在屋子里疯来疯去的。怎么办呢？"

20岁以后，儿子变得"宅"了。母亲一脸灰心丧气，来我这儿。

"不管怎么说，先早睡早起，调整一下生活节奏！"

在医院的门诊室和育子科学中心，我一直坚持这样对他们说，终于把这对已经淹得半死不活的母子从水中解救上来。生活完全变样的母子"不管怎么说，首先是对生活节奏"的效用有了深刻的理解和领悟。

可是，很多人开始并不相信我的观点。这是因为，改变生活节奏的效果很难直接看到。但是，另一方面，我感到，高学历父母尤其倾向于追求可见的成果。比如，绘画、乐器等方面的学习结果，测验考试分数，成绩通知书，模拟的排名，学力、计算力、写作能力等"认知能力"。这也是他们不相信我的观点的原因之一。

与"认知能力"相对，"非认知能力"指激情、自我肯定、自立、协调性、共情能力等心灵的部分。这些能力通过生活节奏调整，很快就能提升。但是，因为对其测量与评价的数量值并不存在，就无法得到高学历父母的关注。在"身体之脑"未能得到培育的孩子中间，不登校、宅、家庭暴力、自残等行为常常会出现。针对这些孩子，我经常警告他们的父母，"你们的孩子存在这样的风险哦"。但是，大部分家长却认为，"我家孩子还不至于如此"。

获得参加器械体操全国大会的资格。

游泳纪录经常保持在前列。

学习塾的成绩排名经常处于最前列，在有名初中的升学模拟考试中获得A的评价。

如此优秀的孩子，即使身上有些小毛病：早上，总是难以按时起床；在家庭中，经常发生家庭暴力；经常莫名其妙地头痛和腹痛等问题。但是，亲子却一直坚持奔走在精英教育的道路上。我家孩子的优秀之光完全遮盖了上述的行为问题。父母对这些行为问题视而不见。不知道脑育价值的父母们，也许并不善于考虑孩子的未来发展之事。

　　与眼下的细枝末节相比，如果能够看得更长远些，父母就能够改变孩子的上述问题行为。可是，相当多的高学历父母并未能够这样做。我感到，这些行为问题正在悄悄地向他们逼近。

第五章

适合高学历父母的
"育子方法学"

父母要有一贯且坚决的态度

"实在是听不下去了。"

朋友一边这样说，一边哀叹。经我一番询问才知道，他是学习塾的兼职老师，他看到，到学习塾学习的小朋友们，正在为各自的偏差值孰高孰低打嘴仗。

"上次的模拟考的成绩啊，××君的偏差值是55，我的是56啊。我胜利了。"

模拟考的结果出来时，"让我看看"，父母往往一边看平日里让自己头疼的孩子的成绩表，一边语带讽刺地说："你啊你，这次的偏差值，比上次低了，对吧？"

这是一个专为准备初中入学考试的学生设立的学习塾。学习塾根据学生的成绩调整班级和班级里的座位。孩子们的心思全部集中在：如何把对手打败，自己才好升上去。学习塾的老师也这样说，"你们都是对手，互相之间存在竞争"，进一步煽动孩子的竞争心。大家齐心协力解决问题，这是成人追求的理想的孩子形象。但是，学习塾的世界与此完全相反。

在这样的环境中，孩子们能够健康成长吗？

"环境的影响力量远远超过遗传基因的作用。"进入21世纪以来，许多研究者开始这样主张。支持该主张的此类研究论文不断出现。这些研究明确表示，"从父母开始，周围的成人所提供的教育环境非常重要"。

不过，究竟父母提供什么样的教育环境，才最适合孩子发展呢？我长期研究这个问题。在相关调查结果和实践数据的基础上，我与育子科学中心的同事一起，设立了"育子方法训练"（parenting[①] training）项目。育子方法是指父母与孩子交往的方式。因此，这个项目的目的就是提供给父母一个学习与孩子交往方法的机会。其内容非常适合高学历父母学习。

这里，以育子方法训练项目为基础，介绍适合高学历父母的育子方法。

我经常询问高学历父母。

"在你们家里，子女分担家庭里的什么工作？"

---

① "parenting"的英语的原意是"如何成为合格父母的方法、方式等"，它比"育子方法"一词的含义要丰富许多。

这是因为，从父母的回答中，可以看出家庭的实际样态。大家经常这样回答。

"经常是从学校回来，就一直玩游戏，偶尔会帮忙，把晾晒的衣服拿回来。"

"在家里，洗澡间每清扫一次，给100日元。"

"不给孩子零花钱。孩子帮忙做各种家务，然后给孩子发家务工资。比如，把报纸从信箱里拿回来，给50日元。家务工资都有详细的规定。"

孩子帮忙做家务，然后得到相应的报酬，这种做法在较有财力的高学历家庭里，非常普遍。不过，作为家庭劳动的对价，父母支付相应的劳动报酬，这在逻辑上讲不通。家庭成员共同生活，互相之间，你帮我、我帮你，理所当然，不是劳动就会产生对价的那种关系。

"经常请他们帮忙"，为何父母必须在孩子面前，如此地低声下气？我真的忍不住想要大声疾呼：父母们，请"用更坚决的态度，对待你们的孩子"。

对于孩子来说，让他们"承担家务"是育脑的最好方法。但是，承担家务不是孩子帮助父母做家务的同义词。共同生活的家庭成员，根据个人能力的不同，都应当承担"相应的家庭责任和义务"。

如果应该承担责任的人不做相应的工作，那么，这个工作就会永远地放在那儿，最终影响到的是家庭中每一位成员的利益。父母必须让孩子深刻认识到这一点。比如，如果孩子承担煮米饭的任务，但却没有完成，那么"到晚饭时，就没有米饭吃"；如果孩子承担洗碗的任务，但却没有完成，那么"吃饭时，干净的碗就一个也没有"，等等。此类情况一旦成为常态，就能让孩子直观感受自身行为对家庭的影响。

这样要求孩子的理由是，希望孩子长到18岁时，能够成为"充分发挥自身潜能"的社会人。也就是说，这样是为了培养出自立和自律之人。

当前，即使父母非常富裕，也无法确保孩子将来能够同样富裕。在昭和时代结束之前，由于日本经济高速发展，只要将金钱储蓄起来，其数额就能不断增加。现如今，我们则迈入了不知道年老后社保基金能否获得的危险时代。简而言之，父母正在社会经济大转型之中培育孩子。

当然，我并不认为学历社会已经结束，多获得一些学历也还是不错的。进入优质企业工作以提升劳动收入，也可以自己创业。总之，获得收入的方法已经多种多样。但是，不管身在何处，自己独立思考、在自己收入范围之内生活的能力十分必要。

我想起一件小事。那件事情发生在我女儿小学三年级的时候。我带着女儿去迪士尼乐园游玩。在游玩中，女儿停在了一家商店前，对我说，她想要买"有米老鼠耳朵的喀秋莎"①，价格大约是2 300日元。

我告诉她，我可以借给她钱，让她去买。在商店外，"这对你的人

———————————

① 喀秋莎"カチューシャ"，女孩子佩戴的发箍。

生来说，真的需要吗？""如果买了，能有多少次使用它？""我借给你的钱，每月还给我多少？还完为止，需要多长时间？"等等，我这样轻描淡写地对她说。

经过两个小时的思考后，女儿自己决定不买了。当时，她每月的零花钱大约是400日元，如果每月从中拿出200日元，就需要一年时间来还钱。如果每月零花钱只剩200日元，那么，她喜欢的漫画就买不到了。另外，由于喀秋莎还有耳朵，在学校也不能用。……她自己如此这般地反复考虑一番之后，决定还是不买了。这决定与其说是她忍着不买，不如说是她理解了不买为好的道理。

在比这个时刻还幼小的时期，比如，3—5岁左右的幼儿期，孩子仍然处在"身体之脑"时期。在第四章也说过，"身体之脑"时期的人类仍是原始人，"我想要这个"，孩子提出这个要求时的脑机制与原始人在面对"有敌人"的情况并准备上阵杀敌时的脑机制完全相同。

因此，对于提出"我想要这个"的孩子，父母不假思索，就说，"不行，说不行，就是不行"，从而加以斥责，这是不可以的做法。如果不说明理由，而只是拒绝孩子的请求，这样反复数次以后，就会把孩子的"我想要这个""我想做这个"的能量给消耗尽了。孩子叫嚷着"给我买，给我买"并不是什么令人羞耻之事。

父母一定要与孩子的"我想要"共情。比如，如同鹦鹉学舌一样，父母说："原来是这样啊！想喝果汁，是吗？""既然有这样的理由，那就请买吧"，父母最好如此这般地，把购买理由的说明方法传授给孩子。

父母不能全盘和无条件地接受孩子的请求。从孩子小时候开始，父母就要有逻辑地，把这件事传授给他们。这样，最终，父母就能培养出能依靠"心灵之脑"自己进行判断的孩子。

不要把智能手机给孩子

"在育子上，你抱有什么样的基本原则？"

如此询问父母时，大部分父母可能就会说，"如果有可能，我会把不给孩子智能手机作为基本原则"。来育子科学中心的父母们都为"除了睡觉以外，孩子一直抱着智能手机不放""孩子吃饭时也玩弄智能手机"而感到非常苦恼。

第四章介绍了《手机脑》这本书。该书作者安德斯·汉森在书中也写到，在瑞典，2—3岁的儿童，每三人之中有一人每日都在使用电脑，98%的11岁儿童拥有智能手机。

调查结果表明，在10多岁的青少年中，每周使用电脑、智能手机等电子器材达10小时以上的人，其"没有幸福感"的比例较高。使用社交网络（SNS）的人中，2/3的人认为"自己是无用之人"。同类使用者的70%认为"由于阅览instagram网站，从而对自己的容貌失去了自信"。手机使用对个人的精神层面也有负面影响。

那么，怎么来应对这个社会问题呢？

应对儿童电子器材使用问题的方法随着大脑发育阶段而变化。首先，在0—5岁的"身体之脑"阶段，必须珍视儿童自然涌现的好奇心和注意力发散。尽管如此，把这类过度刺激儿童好奇心的电子工具交给儿童则是危险至极。

因此，在这一时期，成人不把智能手机给孩子是正确的选择。与此相对，应该给予的刺激是，"运动和游戏""睡眠""吃饭"等。在吃饭之时，经常看到幼儿从椅子上下来，开始玩玩具等注意力分散的行为。在这一时期，这类行为仅是幼儿的原始性感情如实地表现出来而已。父母只要用心照看就行了，无须担心。

其次是6—14岁培育"聪明之脑"时期，这也是通过好奇心积累知识和信息的时期。作为知识和信息收集的工具，鼓励孩子们使用智能手机。当他们展现出兴趣和知识追求欲望时，千万不要否定其行为。

尽管智能手机为我们提供了丰富的知识资源，仅仅依靠智能手机收集知识存在着局限。因此，必须再增加一些实际体验。如果父母在金钱和时间方面富足，应该积极投资于孩子的亲身体验。比如，如果孩子对火车机车感兴趣，那么，在暑假里，就带孩子到山口县去，乘一乘蒸汽机车。这样做，大有益处，能让孩子牢记知识，甚至一生不忘。尽管孩子能够通过虚拟现实技术体验火车机车，但是，蒸汽机车的蒸汽味道等却无法通过智能手机的平面图来体验，只能通过现场体验而获得。因此，请父母们重视孩子的实际体验，以增加他们的知识储备。

包括人类在内的生物通过感觉器官，获得主体知觉，直接能作用于其上的环境被称为"环世界"。把这环世界中的可能选项进一步扩充就是这个时代的最重要的教育主题，观察活鱼、饲养动物、学习乐器等。通俗地说，父母应该重视孩子接触活生生的现实。仅有智能手机不行，其教育力量还不足。

10—18岁左右是"心灵之脑"时期。在这时期，孩子能够自己独立思考了，具有选择、抑制等功能的前额叶在高速发展。在这一时期，大人的斥责和说教有百害而无一利，阻碍了孩子的"思考""选择""抑制"等大脑功能的正常发育。强硬地没收智能手机也不行。

尽管如此，仅靠孩子之力来完全地阻挡智能手机的负面影响也是不可能的。因此，限制使用时间是唯一可行的对应方法。让孩子自己思考，自己选择使用时间。

"智能手机使用多长时间合适呢？"希望家长能够这样询问孩子。但是，为了避免调节身体节奏的睡眠激素的分泌降低，在睡前的一小时之前，孩子必须放开手机。这一点应该成为一条绝对规则。

而且，时间限制必须通过亲子对话来决定。不可以由父母单方面主导来决定。比如，可以通过对话，做出如下时间限制。

睡眠是最重要的事情，因此，必须绝对保证。而智能手机长时间使用就会减少睡眠的时间，降低睡眠的质量，因此，最好限制一下。不过，自我限制有点困难，因此，我们制定一个规则吧。晚上9点必须上床睡觉，因此，一小时之前的8点开始，就不能使用智能手机了。如果从学校回家，到家时是下午4点，从下午4点到晚上8点之间可以使用智能手机。不过，做家庭作业时，如果允许使用智能手机，那么就可能不做作业而去看智能手机了，因此，下午4点至5点之间，是做家庭作业的时间。在这段时间里，不能使用智能手机。

从下午5点到晚上8点之间，孩子对智能手机的使用应该完全按照他们自己决定的那样去执行。如果孩子很难按照规则执行时，再通过亲子之间的对话进行修改。尽管反反复复有点麻烦，但也必须这样做。

对于手机中使用的APP，亲子之间也必须通过对话来商定。亲子之间应事先确定必要且安全的APP。其他的新的APP下载时，孩子必须说明下载它的用途和目的。如此进行，有理有据，尊重对方的立场，注意避免权力的滥用。如果这样做下去，高学历父母应能以自己独有的方式来成功地应对孩子的手机依赖。

《手机脑》这本书叙述了如下的调查结果。以4 000名8—11岁的孩子为对象，测量他们的记忆力、集中力和言语能力。结果表明，每天使用智能手机、电脑、游戏机低于2小时且睡眠时间为9—11小时的儿童，比使用时间长且睡眠时间较短的儿童的能力平均值要高一些。

调查结果表明，运动也同样能提升"脑力"。小学五年级学生，每天坚持运动6分钟，如果能够坚持4周，与4周前相比，记忆力、集中力、信息处理能力均有提升。另外还有很多运动能够给予学习以积极影响的证据。

与其向孩子讲述自己的成功经验，不如向孩子讲述自己的失败经验

各位家长在孩子面前，是否过于骄傲自大了？

高学历父母经常说"自己的成绩经常在班级里名列前茅"或"大学升学考试时，每天只睡3小时，拼命学习"，等等，喜欢对自家孩子讲述自己过往的英雄业绩。也许，这些家庭的家长们真的有这样值得骄傲自大的素材吧。不过，家长们在心中要记住"有能力的老鹰会把利爪隐藏起来"这句话。

这样做的理由是，如果家长在孩子面前如此自吹自擂，就有可能削弱孩子的行为动机。父母特别完美，自己无论如何也无法超越父母。家长这样说，就会让孩子产生上述想法。孩子就会断定自己已经没有什么发展的潜力了。"不管如何努力，还是无法成为父亲这样的人"，如果孩子产生如此感觉，那么，自我肯定感就会降低。

实际上，通过不懈努力才获得当前社会地位的高学历父母应该很多。我认为，这确实是客观事实。尽管如此，"你的努力不够，你爸爸当年啊……"，若父母如此向孩子说教，则效果可能会适得其反。孩子们的人生才刚刚开始，刚刚处于走向努力阶段之前的阶段。在某种意义上，无法超过父母的努力程度是理所当然的事情。

尽管客观事实如此，但是，如果过早催促孩子们努力，孩子们自己就无法发现朝向某种目标去努力的快乐。现在，这样的孩子好像比较多。

与自我夸耀的故事相比，"父亲失败的故事"则更能提升孩子的自我肯定感。虽然现在比较完美，但是过去也有过非常糟糕的经历。这样的失败故事讲给孩子听，孩子就可能会觉得自己还有提升的空间。

这是因为，这样一来，孩子就获得了安全感。"尽管父亲曾经如此失败，但他在成人之后，也能够快乐地生活。我也肯定没问题。"除此之外，父亲讲述自己的失败故事，还能够在家庭里创造出一种快乐、积极向上的家庭氛围。

即使在家里，如果对孩子说起"父亲确实伟大，母亲也了不起"之类的英雄故事，也要同时列举出孩子的优点，加以表扬，"我也多想像你一样，会唱歌啊""在运动神经方面，你比父母强多了"，等等。这也有可能成为孩子努力的动机。

具体而言，就是将父母在与孩子的当前年龄相仿时所经历的失败故事讲给孩子听。即使是孩提时代非常完美的人，也应该有一些极为失败的故事。比如，上学迟到，忘东西，故意不参加课外活动，或者因被朋友欺凌而情绪低落，等等。这些负面的故事也可以讲给孩子听。对此，父母应该如何有所准备呢？我对来育子科学中心的父母建议的案例如下。

有位母亲，是某个研究领域的非常优秀的研究者，曾因研究业绩卓著而受过表彰，她的丈夫也是位优秀的大学教师。在如此优秀的父母面前的自卑感以及父母育子方式欠妥，导致他们的高中生儿子经常出现家庭暴力行为。

我向父母建议，首先必须转变与儿子相处的基本方式。在此基础上，"一定要把母亲的失败故事讲给儿子听，稍微有点夸张也没有关系"。

首先，母亲逐步改变与儿子交流、相处的方式。然后，母亲仔细选择合适的时机，向儿子讲述自己高中时代的故事。

"母亲在高中时代，学习看起来顺风顺水，但是，实际上，英语不好。怎么说好呢？一说起英语的发音，我都感到难为情。英语考试不及格，补考才过的，但也是刚到及格线。"慢慢地，儿子的暴力行为停止了，态度也改变了。

尊重孩子的"执着、执拗"

健也君是小学四年级的学生。除了在学校时和洗澡之外，他一刻也离不开游戏机，每天过着高度依赖游戏的生活。他母亲到育子科学中心来咨询。

"我家孩子只会说无聊游戏中的词汇。上学经常迟到，完全不学习。"

从母亲口中说出来的，全是对儿子的否定之词。而且，对于母亲来说，"游戏"就是"敌人"。几乎在所有场合，母亲总是说，"真的是无聊"，如此等等，对儿子玩游戏均是严酷评价之语。慢慢地，母亲的态度和事态发展至更为恐怖的程度。在家里，"丢开游戏！""玩游戏要到什么时候？"母亲每天都是如此怒吼儿子。与此同时，儿子的上学迟到时间也从1小时变为2小时，再变为半天，最终变为不登校了。

其后，健也君的母亲在育子科学中心接受培训，以调整育子方法。母亲对健也君的态度也彻底改变。虽然母亲对游戏毫无兴趣，但是，也开始就游戏向健也君咨询。

"妈妈一点也不懂，那是什么游戏啊？教教我吧。"

听到母亲的询问，健也君喜笑颜开，"这个是什么，那个是什么"，滔滔不绝地说起来了。他对电子游戏的热爱异常执着，总是乐于分享关于游戏的事情，当母亲问他："哎！谁和谁在对战？"他的心情就会一下子变得出奇地好。

母亲特别小心，不说游戏"无聊"，也不否定健也君所做的一切。这样一来，母子之间的关系几乎和好如初。与此同时，健也君上学的天数也开始增加了。

对事物的强烈执着是开辟人生新天地的契机。明君正是如此。明君非常喜欢电脑，也有很多与电脑相关的知识和技术。但是，他几乎过着昼夜颠倒的生活。对此，母亲经常发怒。

母亲采取的初步措施是，仅仅规定明君上床睡觉的时间，其余时间则由明君自由支配。电脑使用的时间由母亲和明君商量来决定。双方商量的结果是，上床睡觉的前一个小时，把手提电脑还给母亲。

这样做当然可以。但是，还必须有一个追加措施，睡前一小时交还电脑这个规则的理由有必要让孩子理解。仅仅是"既然是双方约定，就必须遵守"还不行，还必须让孩子自己想遵守，或者说必须遵守。因此，父母必须给出让孩子能够这样想的理由。

明君的母亲和我商量之后，决定这样对儿子说。

"电脑玩到夜里很晚时，睡眠时间就减少了。这样一来，长大成人之后，死亡率增高，患癌症的几率也增高，也容易肥胖，患上生活习惯病的概率也会变大。我家的基本方针是，不能让孩子早死。至少，不能在我死之前就早死。"

大人们听到这段话时，就会觉得有点过于夸张了，可能会笑出声来。但是，母亲认真地把这话说给儿子听。这时候，明君好像也认真地接受了母亲的教导，按照约定的时间，把电脑还给母亲。

这之后，在小学六年级左右，明君开始自学编程。初中时，明君进入了重视编程等IT教育的学校。成人之后，明君开始进入自己喜欢的领域工作，比如，与国外企业进行共同项目开发，等等。目前，明君以IT工程师的身份，活跃在他所感兴趣的领域之中。

大家还记得第一章图1-1吗？下图是该图的继续。第一章的图是2017年的调查。其后，一直到2021年，每年我们都调查亲子关系的变化。结果如图5-1所示，在我们实施了育子方法训练之后，在育子上，父母的干涉、矛盾、溺爱明显减少。

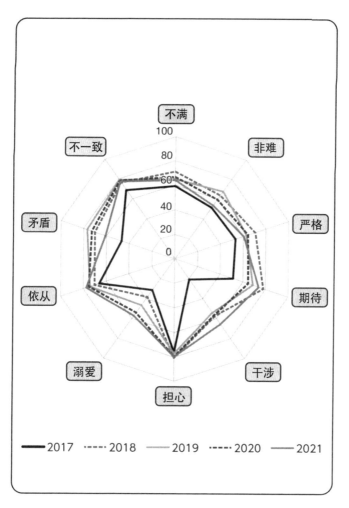

图5-1 TK式诊断的新型亲子关系的历年变化：2017—2021年

数年之前，高中毕业后，江君想成为珠宝设计师。为此，他进入了专门学校^①读书。江君本来进入了高偏差值的中学读书，但是，与上述两人相同，他却沉迷于玩电脑和手机。本来，江君的高学历母亲想，不管如何，先要让孩子努力学习，升入大学。但是，江君后来却通过自己的努力，发现了适合自己的人生道路。

当他说出，自己想到专门学校去读书时，母亲起初非常反对。因为母亲想让他进入一所好的大学学习，大学毕业后到优质企业工作，沿着这个传统的精英之路一直前行。母亲认为，"工匠的收入不是很稳定"。

但是，实际上，统计结果表明，专门学校毕业生的就业率明显较高。其中，让学生掌握高级技术并顺利考取相关职业资格的优质专门学校也大量存在。为了取得将来有用的职业资格，进入专门学校读书的优点也很多。母亲最终对他的选择表示理解。

父母往往对自家孩子的"执着、执拗"感到异常烦恼。但是，实际上，如果孩子能把"执着、执拗"坚持下去，它将来就成为孩子的人生武器。为了使这一特质最终转化为孩子的人生优势，父母就不能把它当作缺点来看待。这一点非常重要。

"我家孩子，了不起！""非常特别""如此执着，换个角度看，也是不得了的事情。"

---

① 专门学校是通俗称谓，正式名称应为"专修学校专门课程"，是日本集中进行职业技术教育的高等教育和成人教育机构。专门学校的入学几乎不需要任何考试，只要有兴趣和缴费就行，其社会声望较低。

如此等等，父母应从不同的角度观察事物，或者灵活地观察和理解事物。本来，高学历父母们在理解东西时就比别人快很多，顺畅地理解如此行事的优点和缺点以及论据并非难事。一旦父母们能够接受这些，那么，距离最终解决育子问题并不需要多长时间。

总是保持乐观和好心情

在面对孩子遭受欺凌、成绩下降、不登校等负面情况时，父母往往会动摇，忘记了对孩子应有的信任，变得担心孩子，试图过度干涉孩子的生活。尤其是有些高学历父母往往本人是努力实干家，对他们而言，学习的重心不是享受学习的快乐，而是为了在竞争中取胜。这样一来，那些跟不上节奏的孩子就会感到非常痛苦。

为了不让自己陷入如此状态，在日常生活中，高学历父母要笑脸应对孩子的负面情况，从积极一面看待事物。父母如此训练自己非常重要。

比如，当中学生孩子说，"不想上学了"，有的父亲可能会对着孩子怒吼道："这样会养成偷懒的坏习惯，人就会堕落，变得宅了，将来怎么走向社会？"与此相反，"你有什么不安吧？不想去，就不去了，没关系。你想说说理由吗？说出来让我听听。"父母带着温和的笑容回应。以这样的态度去理解和应对孩子的困境，我想会更为恰当。

在突然出现了什么事情之时，父母"哎——"显示出不安的表情与"没事，对你来说，那不叫事啊"表示信任之间具有天壤之别。

尤其是，当知道孩子受到欺凌时，大部分父母总是进入临战模式。平素看起来非常温柔的母亲表示"我来保护你"，眼神也顿时变得锐利起来。其实，父母不应该这样。孩子进入小学四年级之后，父母首先应该倾听孩子自己的想法。如果孩子确实遭遇了伤害，鼓励孩子自己去找班主任，就此事认真谈谈。有时候，孩子自己可能也有不对的地方。综合考虑这些，为了解决问题，应该如何做？比如，与对方和好有可能吗？还是不可能？请父母们让孩子自己去思考。

另一个重要之点是，对于他人，父母心中应有"感恩"之情，而且要适当表现出来。有父母来咨询："明天到学校与老师面谈，我对（班主任）该说些什么才好呢？"我曾经问过父母们自己想说什么。父母们经常困惑的是，应该先说什么和后说什么。那么，我们练习一下，好吗？请大家和我一起演练一下吧。

"经常得到老师的关照，非常感谢。前几天，我家儿子给你们添麻烦了，非常抱歉。由于老师多方面给予了照顾，我儿子最近状态也安定了，谢谢老师。"

在进入正题之前，必须如此强调自己的"感谢"的心情。如果不这样做，在很多时候，家长的话语容易转变为对孩子困境的单纯描述，自己的孩子因何陷入困难之中，被如何伤害，因此，想请老师采取何种措施，等等。这并没有完全表达家长的本意。在现实中，家长之所以这样做，大约是因为心中缺少了"感恩"之心，无法在行为上表现出谦逊致谢的姿态。

在育子科学中心，我们举办了"积极思维：时刻想到'感恩'"的研讨班。研讨班的要点是，针对"都是因为××，……才如此糟糕"的思维状况，换一个视点，进行"托××的福，……才有了如此好事"的转换思考。努力进行视点转换的思考，就能在家庭里创造良性循环的家庭环境。

因此，首先，在培训班上，让大家举一些"都是因为××，……才如此糟糕"的例子。这样的例子太多了，让我感到吃惊。

"都是老公的错，真想吐。"
"孩子的言行，让我不舒服。"
"我被同事的态度伤到了。"

参加培训班的父母多年累积的思绪就像地下岩浆喷涌而出。为了让思维转换更容易些，我们拿出事先准备好的例子"因为有这个事，所以感到不舒服"，转换成"因为这件事，所以我认识到"的练习。在这之后，让大家面对自己刚才的吐槽，比如，把"……，真想吐"转换成"因为……，才有……好事"。

可是，尽管使用例题进行练习时，大家都非常熟练地进行了转换，但是，当面对自己的现实的吐槽时，"不行！不管怎么做，都不行""多年的仇恨都喷出来了"。父母的负面情绪全部失控倾泻而出。这时候，就不再要求大家全部把负面情绪转化成正面情绪，而是让大家带着讽刺，尝试说"因为××，我的人生变得有趣多了"。这样一来，大家就都接受了。

以下就是育子上的积极转换的实例之一。比如，"孩子不做家庭作业"，如果就事论事，它就只能被看作孩子的一个负面行为。但是，如果我们转换视角，以另一种方式来看待这个问题："作业完全不做，也能平心静气，这样的孩子，心该有多大啊！"如果父母能够这样想，那么，在育子过程中，他们的言行就会有明显的变化。

转换视角的重要之处在于，不是要家长真的这样想，而是说同一件事的另外一种思考方法也客观存在着。父母只要想到这一点就行了。这样一来，"你作业一点不做，将来中考时就考不上好高中，到社会上也会被淘汰"等出自父母之口的、带有高度诅咒式的话语就应该不见了。

取而代之的是，父母会说："我小时候也不想做家庭作业，有时也不想去学校。与我比起来，你可能真是位了不起的'大人物'呢！"与其把"我因为不做作业，将来肯定会被社会淘汰"这样的观点灌输到孩子大脑里，不如由此创造出"我是相当厉害的'大人物'"这样略带调侃的轻松氛围与感觉。这样对于育子来说，更好一些。请尝试一下把"都是因为××的错，……"的负向思维转换为"都是因为××的恩惠，……"的正向思维。

生活轴心越粗越好

在高学历家庭之中，育子的"轴心"就是孩子的学习。但是，如果这个轴心简化为"每日必须做作业"，那么生活便可能脱离了真正的轴心。对于不同阶段的儿童的发展来说，什么是重要事项？为了我家孩子的一生的幸福，应该如何决定当下的孩子的生活轴心？

首先，"早睡早起早饭"，这绝对必须坚持。这是生活的绝对的轴心。比如，由于星期六、星期天有足球比赛，因此，到周日晚上，父母发现孩子还有作业没做完。这时候，父母就会说："今天睡晚点，务必把作业做完。"

但是，这些话从孩子的角度来看，父母最初说"早睡早起早饭"是绝对原则，现在却又命令说"作业做完才能睡"，这两者是矛盾的。如果把作业作为又一个生活轴心，那么，最初设定的绝对轴心就容易被打破。总之，对孩子来说，这就是典型的双标了。

第一章已经说明，这种矛盾容易引起孩子的不安。为了不使这种现象出现，就必须把生活轴心设计得粗一些。这样，其他方面都不会介入到生活轴心之中。比如，尽管有想观看的电视节目，但是一旦到了睡觉时间，就必须说"把节目录像吧，以后再回放"，迅速让孩子上床睡觉。

把学习作为孩子的生活轴心的高学历父母并不少。

"你只管做作业和复习学习塾的学习内容，时间计划和明天的准备工作都由妈妈来做。"

　　"在学校受别人欺负了？那么，妈妈找老师去说一说。你不要担心，只要集中精力学习就行了。"

　　上述均是我在实际生活中听到过的父母的话语。

　　孩子不做家庭作业，学习也不行，如果父母仅仅盯着自家孩子的较差的一面，就开始介意别人的眼光了。父母喜欢把自己的孩子与他人的孩子进行比较，被羡慕和嫉妒感情所吞噬。这样，生活轴心就容易波动。

　　"道理我都懂。但是却总是无法按照这个道理去做"，大家经常这样说。

　　尽管大家口头上这样说，但如果真的知道了应有的生活轴心，为何却仍按照过去的生活轴心来进行育子呢？这是因为，知道这个道理和不知这个道理之间，简直有天壤之别。

　　如果大家从这本书中，学会了设定家庭育子生活的轴心，我会非常高兴。

后记

　　在本书中，随处可见对"高学历父母"的批判。当然，对于孩子而言，"高学历父母"并非只有负面影响。高学历父母的理解力强，努力实干，经济上也富足。本来，他们应该是让事物发展更为顺利的一群人。

　　那么，为何他们在育子上显得不那么顺利呢？这是因为，他们的对手是"孩子"，是未知之物。特别是在幼小时期，孩子与其说是理性动物，不如说是感性动物。因此，高学历父母迄今为止已经积累的人生成功经验在这儿就变得无法通用了。

　　不过，育子中存在巨大困难，这一点，无论古今与东西，任何家庭的父母实际上应该都一样。唯一的不同之处在于，高学历父母在育子上碰到困难时，感情变得低落的程度较大。

　　总而言之，这是观察视点的问题。这里的所有问题均有好转的可能。"不管父母怎么努力去做，育子中都会碰到不顺利，这是理所当然的事情""在这一点上顺利了，不过是我们亲子的幸运而已"，如果父母拥有了上述的观察视点，心里就会一下子轻松起来。

实际上，我和我丈夫都是医生，从社会的眼光来看，也算是"高学历父母"吧。但是，我的父母已经把"高学历父母"的不好的一面都展示给了我，让我经历了。正因为有了这个"恩惠"，我自己在育子时一点也不犹豫，一直在享受自己的育子人生。别说对女儿的考试分数一惊一喜了，说实话，我几乎从没看过她的考试分数。在这本书中，数次出现我的女儿，她完美地呈现了我的"实验结果"。我要借这个机会，对女儿说一声"谢谢"。

孩子有他们自己的人格与个性，绝非父母的所有物。由于人格与个性不同，价值观也肯定有异。父母最不应该做的是，"价值观强加"。读完本书后，希望读者能深刻理解这一点。

孩子最希望父母做的事是，相信自己。

育子就是把父母对孩子的担心变为信任的一个漫长过程。这里，我想把这句话再说一遍，以此作为本书的结尾。